宗教のえらび方

——後悔しないために——

星川　啓慈

大正大学　まんだらライブラリー

はじめに

本書は、これまで『春秋』（春秋社刊）を中心に書いてきたエッセイを集めたものである。表現上の統一や重複箇所の削除などのために、一部に手をくわえた。第1章や第4章のように、かなりくだけた文体のエッセイもある。文体を統一しようかとも思ったが、臨場感が失なわれるので、そのままにしておいた。文体とは関係なく、学問的な水準はそれなりに保っているつもりである。

一応、エッセイを六つの章にわけているが、どこから読み始めていただいてもかまわない。しかしながら、それなりの分類もあるので、説明しておこう。

第1章は、これまでタブーとされていた「宗教の評価」にかかわる。さまざまな視点から宗教を評価しようという試みである。

第2章は、「宗教体験」にかかわるエッセイを集めた。宗教体験の一般論とともに、神秘体験や禅体験などについて、論じたものである。恥ずかしながら、筆者が五〇歳にして初めて挑戦したフルマラソンのさいにおこなった、宗教哲学的な思索も収録した。

第3章は、言語と宗教の関わりについての論考である。ウィトゲンシュタイン、プランティンガ、ボヘンスキーなどの世界的に有名な論理学者が宗教をめぐっていかに思索していたか、も紹介した。「論理（学）と宗教」というのは、残念ながら、日本では研究者がほとんどいない分野であるが、筆者がひじょうに興味をおぼえる分野でもある。

第4章は、ウィトゲンシュタインの「言語ゲーム」の視点から宗教をとらえるとどうなるか、について討論形式で論じた。一部に荒唐無稽な議論とうつる場面もあるかもしれないが、けっしてそうではない。まじめな哲学的思索である。

第5章は、日増しに重要性が認識されてきている「宗教間対話」についてのエッセイを集めた。しかしながら、宗教間対話はさまざまな問題を抱え込んでいるのも事実である。

第6章は、諸宗教が異なる／対立する真理を主張しあった場合、どのようにしてこの事態を切り抜けるか、を考察した。たとえこのような事態に直面したとしても、宗教間対話を通じて諸宗教がたがいに啓発しあうことや、宗教間協力を通じて世界が平和になってくれることを、筆者は心から望んでいる。

なお、第4章（最初の節は除く）は松野智章氏（瀬戸神社権禰宜）、第5章は山梨有希子氏（大正大学非常勤講師）との共同執筆である。本書に共同執筆の文章を収録することを快諾して下さったことに対して、感謝したい。

●目次

はじめに――3

第1章　宗教をえらぶ――9
間違いだらけの宗教えらび／後悔しない選択のために

第2章　宗教を体験する――31
宗教体験は何をめざしているのか／神秘体験の特質／鈴木大拙の禅論とシュッツの現象学／五〇歳の初マラソンで考えたこと

第3章　言語と宗教――83
饒舌の科学・沈黙の宗教／悪の存在と「神の正義」／「語りえないもの」と「否定神学」

第4章　宗教は「言語ゲーム」なのか？——123
「言語ゲーム」としての禅問答／宗教は「言語ゲーム」なのか？／宗教的リアリティとウィトゲンシュタインの「世界像」／宗教における「概念相対主義」の問題

第5章　宗教間対話——167
宗教間対話の背景／宗教間対話は本当に必要なのか／「グローバル化」と「宗教のアイデンティティ」

第6章　諸宗教の「真理」と平和的共存——205
戦争と宗教間対話／宗教はなぜ暴力を正当化できるのか／宗教における「寛容」とは何か／「宗教の真理」について／諸宗教の共存のために／宗教間対話と公共哲学

あとがき——266

小林公二氏へ

第1章　宗教をえらぶ

間違いだらけの宗教えらび

僕は一応、大学で宗教学とか宗教哲学を教えているので、学生からいろんな質問を受ける。人生相談みたいなのもあるし、なかなか鋭い哲学上の問題のこともある。僕の専門だと、「どんな宗教がいい宗教なんですか?」なんて訊かれたりもする。

「宗教なんてなぁ、自分の実存の問題なんだから、自分で決めるしかないんだよ」とか何とか、お茶を濁して逃げることができたのは昔の話。いまじゃ、とてもそうはいかない。オウム真理教(アーレフに改称)事件の折、高名な論理学者・哲学者が、若者がカルト集団に入らないために、理性的な判断能力や批判的・論理的思考をはぐくむ教育の必要性を訴えていたのを思いだす。とにもかくにもオウム事件以降、宗教に対する世間の視線はとても冷たい。頭から「宗教はよくない」と決めつけてくる。おまけに、新種の宗教の理解しがたい行動を非難する論調は、「健全な」社会常識にもとづいているんだから、それを悪いともいえない。

しかし、宗教研究者のはしくれとしていわせてもらえれば、宗教には日常的・世俗的な論理や考えかたでは理解できない独自の論理や思考方法があって、そこが危険といえば危険だが、おもしろいといえばおもしろいわけだ。

だから、宗教のおもしろさに触れてもらいたいとは思いつつ、妙なカルトにはまってトラブルにまきこまれたり、人生を台無しにしたりする人が出てもらっても困る。そこに僕なんかのディレンマがある。

というわけで、学生たちの質問に答える意味もこめて、ここでは宗教を選ぶ際の基準について述べてみたい。それも、たんに常識的な視点、いわば宗教の外部からの視点だけじゃなくて、内側にもちょっと足を踏み入れた視点から、宗教の選びかたについて論じてみよう。

宗教を評価するための基準は必要なのか

現在の日本の宗教状況を見ていれば、「基準はいるよね」という話になるのは当然だ。

なのに、なんでわざわざこんな問いを立てたかというと、さっき言ったような「宗教ってのは個人の実存の問題なんだ」という観点からすれば、基準なんて自己矛盾みたいなもんだと思われなくもないからである。しかも、僕と同業の宗教研究者たちに、そんな考えを持っている人が多い。宗教のえらび方なんていうと、「宗教を等級づけするつもりか」とか「宗教をえらぶのに基準なんてあるわきゃねぇだろ」とか、いやもう囂々たる非難が耳もとに聞こえてくるような気さえする。

そういう人たちに言っておきたいのは、既成宗教・新宗教を問わず、さまざまな宗教が乱立しているご時勢に、どれを選ぶか選ばないかはまことにやっかいな問題だし、現実に宗教がらみの事件が多発している以上、後悔する人が出てくるのは、少なくとも僕はいやだということだ。

また、「宗教えらびの基準なんてあるわけない」というのは、あとでも述べるが、ある意味で正しい。だが、諸外国を見渡せば、まっとうな宗教学者や宗教哲学者が、宗教の評価基準を真剣に議論しているのを見ることができる。彼らの意見を知り、さらに議論を深めてゆくことで、宗教に直面して迷っている人たちの参考にしてもらうことくらいはできるだろう。

二人の宗教の評価基準

まずは、宗教哲学者のネットトランドに登場してもらおう。彼は「宗教的世界観の評価基準」（『宗教多元主義の探究』大明堂、所収）という論文のなかで、果敢にも、宗教的世界観を評価するのに役立つ一〇個の基本原則を提示している。これは、主として論理学の見地から宗教的世界観の「客観的正しさ」や「整合性」をはかろうとするものである。

たとえば、「原理1」は「Rという宗教をpという信仰として定義することが自己矛盾であるならば、pは誤りである」といったぐあい。にわかに頭が痛くなった人がいるかもしれないけど、彼の試みは、ボヘンスキーやプランティンガ——ふたりとも著名な論理学者にして、かたやカトリック、かたやプロテスタント——と同じく、「宗教と論理学」を結びつけようとする、過去から連綿とつづく西洋のひとつの伝統に属するものなのだ。西洋ではオーソドックスな議論といっていいんだが、この種の「宗教の論理学」はどうにも日本では受け入れられないのである。どうしてだろうか。おそらく日本に論理学が根づかない理由とふかい関係があるだろう。まあ、この話をはじめるととめどもなくなるので、これ以上の深入りはやめておこう。

つぎに、「宗教多元主義」で知られるヒックの場合。彼は「宗教の等級づけ」という論文を発表している（『宗教多元主義』法藏館、所収）。その結論を一言でいうと、「宗教現象は評価できても、宗教伝統は全体的に評価し等級づけることができない」というものである。

宗教現象というのは、行動の類型とか、体験とか、信仰とか、神話とか、神学とか、儀礼や儀式とか、聖典とか、大ざっぱにいえば、宗教を構成している個々の要素だと思ってもらっていい。これらひとつひとつについては、人間の救済という視点から評価したり等級づけることが可能だという。その基準は、それらが救いや解放という偉大な宗教的目標への接近をどれほど促進するか阻止するか、にある。

しかし、世界に多様に存在する諸宗教について、ある宗教全体を評価したり複数の宗教を等級づけたりすることはできない。宗教の伝統には多様性があり、救いの体系としてのそれらの長所を比較考量することは、人間の判断では不可能だからである。「ごもっとも」である。まことに穏当で、みんなが安心できる結論だ。同時に、なかなか狡猾な印象も受ける。

ヒックがそんなことをすると思っているわけではないが、この立場では、いかように他宗教の伝統を非難・否定しても、「いや、それはおたくの宗教の現象面を論難しているだけで、おたくの宗教そのものを否定しているわけではないのです」といえる。つまり、多様な宗教の両立・共生を保証しつつ、かつ問題があると思われる個別の事象を非難・批判する根拠をも確保できる。いわば、きわどいバランス感覚のなせる技といえよう。が、それだけに、どっちつかずというか、折衷的な印象は拭えない。

というわけで、宗教評価の基準をふたつほど瞥見したが、実用的なものはなかなかないものである。つぎに、ニューハンプシャー大学のブロックルマンにご登場願おう。

ブロックルマンの評価基準

ブロックルマンは「解釈的・解釈学的」視点から、宗教（ご本人の言葉では「宗教的理解」）の「具体的な評価基準」を提示している（『インサイド・ストーリー』玉川大学出版部）から、僕たちの役にも立ちそうではないか。

①開示性――それまで気づいていなかった生き方の「解釈ヴィジョン」を受け入れさせる程度はどれほどか。

②適合性――教理や教えが、人の経験に適合し信頼に足るかどうか。

③包括性――宗教の重要な点は人生を意味ある全体としてみることであるから、人の経験の全体をおおう包括的なものであるかどうか。

④究極性――有限で限定されたものを超え、有限でないもの／究極的なものを指し示しているかどうか。

⑤説得性――神話的物語に表された生き方へと、人々を強力に引きこむ力がどれくらいあるか。

⑥実存的有効性――「真に生きている」とどれほど強く感じられるか。

⑦解釈的有用性――直面する精神的な問題や困難を、より適切に把握して解決するた

めの手助けに、どれほどなるか。

⑧首尾一貫性――内部に自己矛盾を抱えない、首尾一貫した全体を構築しているかどうか。

⑨存続性――どれほど長いあいだ存続しうるか。人々の人生に精神的に優れたものをもたらしてくれる宗教であれば、存続性があることになる。

⑩倫理性――教理や教えが、自分自身に要求される倫理的・社会的行動の基本的な基準にしたがっているかどうか。

いやぁ、「どこが具体的なんだ！」って石を投げられそうな気がするなあ。しかも、項目によっては「基準の基準」が必要だし。たとえば⑥の「真に生きている」ってどうやって測るのかっていわれれば、まことに心もとないものがある。それに「基準の基準」を定めたって、今度は「基準の基準の基準」が必要になって、無限後退に陥るって疑念も消えない。

いずれにせよ、ブロックルマンは、自分の基準に対して予想される反対意見に先まわりして反論しているので、それを見てみよう。彼の予想した反論は次のふたつ。

①これらの基準そのものが実在に対するある特定の解釈的見方だから、独自の評価基準をもっている別の哲学的解釈には不適合である。

②これらの評価基準を適用すること自体が、評価する人自身の特定の解釈的枠組みとふかく結びついているから、客観的なものではない。

ブロックルマンは①について「それでいいのだ」と答える（バカボンのパパみたいですな）。というか、むしろ違うからいいのだ、ということだろう。要するに、この基準もある特定の立場からのものだが、その特定の立場から別の立場のものを見ることで、それまで気づかなかった後者の側面が見えてくるんだから、それでいいわけである。

②についても、「もちろんだ」と答える。さまざまな宗教的主張に客観的な確実性なんかない。どう生きたらいいかなんて、客観的に答えられるわけもない。だから、多くの宗教伝統や見方の違いを認識し、異なる立場と対話をつづけることで、自分の基本的態度を自覚したり、自分の立場に対して責任をとることができるわけだ。

どっちの反批判にも共通するのは、評価基準はある特定の立場からのものでしかありえないが、特定の立場からであるからこそ、評価対象の宗教の特性やひいては自分の立場を、いままで気づかなかった点までふくめて、認識できるということである。そして、基準とはそういうものだ。モノサシでは長さは測れても重さは量れない。モノサシで測って、こちらが大きいといっても、重さでは逆かもしれない。測って、それをどう判断するかは本人の決断だ。「それでいいのだ」。

ただ、ブロックルマンはキリスト教の伝統にたつ西洋人だし、彼の基準もその影響を多分に受けている。くわえて、彼の基準がすべてを尽くしているとはいえないし、逆に重複もある。そこで次節では、このブロックルマンの基準をもとに、もう少し僕たちの目的に近いような現実的な基準をつくってお目にかけよう。宗教に関心がある人にはちょっと意外な基準もあるかもしれないが、結構実用的だと思う。

後悔しない選択のために

宗教のえらび方

前節では宗教のおもしろさには触れてもらいたいが、「妙なカルトなんぞにはまって人生を台無しにされても困る」という僕ら宗教研究者の苦しい胸のうちを、聞いてもらった。だから、せめて宗教えらびの基準をできるかぎりはっきりさせたいわけで、ネットランドやヒックの考えを瞥見し、それから僕たちの宗教えらびの叩き台として、ブロックルマンの基準を紹介したのだった。

本節では、彼の基準のキリスト教的肌合いを薄め、僕たちの身近な問題も考えに入れながらもう少し整理することで、僕たちの目的に合った現実的な基準を提示することが課題である。

ともあれ、僕が考えた基準を早速お見せするとしよう。ぜんぶで七つある。

①これまで気づいていなかった、知らなかった生き方のヴィジョンを提供してくれるかどうか〔ブロックルマンの①に対応〕。

これがなきゃ、そもそもなんで宗教なんか信じるの、っていう話になりますよね。具体的にいえば、自分の人生が、給料とか、学歴とか、容姿とか、健康とか、そんなもので判断されたらたまらないってこともある。また、それらを満たしていても、人生、砂を噛むようだってこともある。このまま毎日、通勤電車にのって、サラリーマンやって、おなじことのくりかえしで死んでいくだけかと思うと、ぞっとするかもしれない。そんなとき、これまでとは異なる価値や生き方を与えてくれるものがあればどうだろう。その生き方では、自分はいきいきと生活できる。物事が別様に見えて、輝きを増す。生きる喜びがある。優れた宗教はそういうものを与えてくれる。

逆にいえば、宗教と名乗っていても、目標寄付金一億円だの、信徒獲得一千万人だの、世俗的な価値ばっかり追及している宗教はちょっと……といえるかもしれない。

②教理や教えが自分がいだいている倫理的・社会的行動の基本的基準にしたがっているかどうか〔同②⑩〕。

どんな人にも自分のなかに醸成された経験則や倫理観というものが絶対ある。その基準に照らしあわせて、自分の倫理と教団の教理観が相容れなければ、選びとってはいけないということ。もしすでに選んでいたら、棄教したほうがいいとすらいえる。

実は、これは①との関係でちょっと微妙なところがある。宗教は世俗と違う価値を提示するから価値があるのではなかったか。

この点については、原則として次の区別を念頭に置いてもらいたい。①の世俗と異なる価値が、肯定的価値ないし行為命令なのにたいし、こちら（②）は否定的価値ないし禁止命令だということである。「隣人を愛せ」は前者であり、「汝、殺すなかれ」は後者。

あくまで一般論だけど、肯定的価値が（それがたとえ金儲けとか出世など低俗なものであっても）自己実現などみずから選びとってゆく道に関わるのに対し、禁止命令は社会や共同体で人々が共生してゆくためのルールに関わることが多い。したがって、もし社会の禁止命令に反する教理を教団が掲げていたら、社会の共生のルールに反し、トラブルに発展する危険が高いといえる。人殺しを命じる宗教や教団があったら、それを選びとってはいけないことはあきらかだろう。

③自分の生や存在を全体として意味づけしてくれるかどうか〔同③⑥〕。

①とも関係するのだが、人間は自分の存在の意味を求める動物であって、財産とか地位など世俗的な価値が満たされていても、みずからの存在の意味の自覚を欠いていては、満たされぬ人が多い。その意味づけの射程が広ければ広いほど、宗教は人々を納得させ、人生を肯定的に見ることを可能にしてくれる。

④有限で限定された世俗的・常識的なものを超越した「究極的なもの」を指し示しているかどうか〔同④〕。

何が「究極的なもの」かは宗教によって異なるけれども、いずれにせよ、宗教は「超越的なもの」に関わらざるをえない。そのことが、世俗とは別の価値を提供し、それを価値として説得的なものにする基盤となっているわけ。宗教の提供する価値がまさしく価値なのは、それが神の命令であったり真理であるからだ。

金にせよ地位にせよ、世俗の価値は、それがお金なら物が買えるし、それが地位であれば人に命令してこき使うことができるとか、有用であり本人に利得があるのが自明な場合が多い。でも、宗教的価値は違う。なぜ敵を愛するのか、なぜ財産を布施するのか。それが価値とされるのは、そこに「超越的なもの」が介入するから。これがなきゃ、宗教の基盤がなりたたない。逆に、現世利益を（否定する必要はないが）追求しすぎる宗教は、警戒したほうがよろしい。

⑤**精神的な問題や困難をより適切に把握し、解決するための手助けとなるかどうか**〔同⑦⑨〕。

人生には悩みや挫折や苦悩はつきものであり、人が宗教を信じるようになる動機には、周知のとおり、これら精神的問題が絡んでいることがほとんどだ。もしその宗教が、精神的問題を解決するどころか、不安を煽り、人々の恐怖や悩みを利用して教勢拡大を狙うようなら、避けたほうがいいに決まってる。また、精神ではなく、病気治療など肉体的問題あるいは金銭など物質的問題の解決をあまりにも過度におもてに出すようなら、宗教の本筋からも外れるし、将来のトラブルの可能性も高い。

臨床心理学者シンガーの指摘もひいておこう。「日本のカルトは非常にユニークです。オウムのようにテロリストのような行動に走ったり、金銭を取ることだけに走ったり。戦後の高度経済成長のせいか、精神面を重視していないようにみえます」（二〇〇〇年五月二四日付朝日新聞朝刊）。反論もあろうが、痛いところをついているではないか。

⑥**教理や教えが整合性を保っているかどうか、あるいは、解釈によって整合性を保つことが可能かどうか**（同⑧）。

一般の人間は矛盾や不整合を嫌うものだということもあるが、教理が矛盾していると、論理学的にはいかなる命題も導出可能となるため、教祖の命令によって何をしてもよいなど、無規範状態に陥る危険がある。

ただ、矛盾や不整合性にかかわる事柄はなかなか判断が難しい。たとえば「神は全能である。神は人を愛する。この世には悪が存在する」という命題の集合は、整合的でないがゆえに、過去から現代に至るまで、キリスト教を信じない理由のひとつとなっている。全能で人を愛する神が世界を創造したなら、どうしてこれほど多くの悪（地震・津波・旱魃など自然がひきおこすものと、盗み・詐欺・殺人・戦争など人間がひきおこすものとに分類できる）が存在するのか、というわけだ。これは神学的難問としてキリスト教を苦しめてきた。

しかし、この問題が本当に論理学的な問題かどうかはともかく、解釈によって相当程度矛盾を解消できることは確かである。またこの難問は、矛盾が問題になるレベルの教理の問題ではないようにも思われる。むしろ、あまりにも支離滅裂な教理を掲げ、教祖の言動ひとつで教理がコロコロ変わるような宗教には注意しなければならない、と考えたほうがいいかもしれない。

⑦**あまりにも**「**体験**」を**重視しすぎていないかどうか**。

宗教にはさまざまな側面があり、宗教体験はもちろん大切な側面だが、あくまでもそのうちのひとつにすぎない。にもかかわらず、これを前面に出しすぎている場合には注意を要する。

前節では、「ネットランドの議論は日本ではあまり受け入れられないだろう」と述べた。「何事のおはしますをばしらねどもかたじけなさに涙こぼるる」国民性も関連してか、一般に日本人は宗教の体験は好きだが、宗教の論理はあまり気にしないのではないか（余談だが、日本で売れる宗教関係の本のおおくは、論理的な展開をしていない。パラグラフごとに論理を展開させるというのではなく、読者をひきこむところが単発的にあらわれるだけだ）。だとしたら、体験を売りにする宗教があるのは当然だろう。しかも、「宗教体験」というやつはやっかいで、本人にしかわからないことになっている。本物か偽物か問いようもないし、検証しようもなく見える。

ところで、脳機能学者の苫米地英人氏は、著書『洗脳原論』（春秋社）のなかで、僕なんかがびっくりすることを書いている。宗教的な修行中におこるカタルシス体験（神秘体験とかエクスタシー体験とも書かれている）について、こう語っているのだ。

> これらの**体験そのものは修行体系の価値とは本質的に関係がない**。ところが、このよ

うなカタルシス体験が引き起こされるメカニズムそのものは瞑想や観想といった修行の行為に内因的に含まれるものであって、教義なり教団の正当性とは関係がないにもかかわらず、あたかもこれらの体験に宗教的に何か特別の意味があるかのように見せかけるのが、カルトの常套手段である。……この体験に神秘体験として特別な意味づけがされてしまうと、その圧倒的なリアリティの体感のせいで、脱洗脳が特に困難となる。（傍点引用者）

読みようによっては、これは凄いことを言っている。悟りとか見性（けんしょう）体験とかに始まって、いろいろな宗教体験があるが、それらは「修行体系の価値とは本質的に関係がない」「教義〔教理〕なり教団の正当性とは関係がない」というのだ。僕はこれまで教理体系に連動して宗教体験も変わると考えていた。

しかし、少し考えなおす必要が出てきてしまった。もちろん、教理によって宗教体験の表面的なイメージとかヴィジョンなどが変わってくることは確かだろう。が、その奥底にある体験の核心部分、宗教者を否も応もなくねじ伏せてしまう圧倒的な何かが、教理や修行体系の価値とは関係ないとしたら、僕の宗教の見方は大きな変更を余儀なくされるかもしれない。

ま、それは余談として、いかにも日本人の好みそうな、本人以外誰にもわからない「体験」を過度に重視する宗教には、慎重に近づくほうがいいだろう。

僕が考えた七つの基準はどうだっただろうか。さすがに宗教のえらび方は難しい。どんな宗教をえらぶかは、最終的には個人の好みというか、感じかたや価値観の問題でもあるし。ただ、こうした基準を心にとめておくことで、カルトあるいは宗教の名を騙ったわけのわからない集団に関わって、やっかいなことになる確率を少しでもさげられるのではないかと思う。宗教には関わってもいいし、関わらなくてもいい。拙速は禁物で、入信するにしても、じっくり考えて、自分に合った宗教を選んでほしい。宗教研究に携わる者としては、これ以上、宗教に関わるトラブルを見たくないのである。

第2章　宗教を体験する

宗教体験は何をめざしているのか

宗教体験にはどのようなものがあるか

一口に「宗教体験」といっても、それは実に多種多様な体験を含む。家の神棚に手を合わせて何かを感じるのも宗教体験であれば、特異な資質を持った神秘家にしか体験できない神との合一という体験もある。また、宗教体験は宗教や文化などによって相違することも充分に考えられる。宗教体験と呼びうるものを挙げてみると、回心・三昧・等至・悟り・身心脱落・見性・梵我一如・霊的結婚・神との合一・見神・覚醒・浄化・光耀・融合・恒一など、きりがない。さらには、超常体験・憑依状態・筆者が時々行っている簡易瞑想中の体感なども、広い意味での宗教体験に入る。

しかし、これでは話が散漫になるので、ここでは「宗教体験」を限定したい。この度の

『ゑれきてる』の特集テーマは「究める」である。宗教体験とのかかわりで、何を究めるかといえば、「己」「自己」である。禅には「己事究明（こじきゅうめい）」という言葉がある。徹底的に真実の自己／本来の自己を追い求めて、これを明らかにする、ということだ。

宗教体験を求めるのはどのような人々か

宗教とは、真実なる自己／本来の自己を求めて歩む、人間の営為である。言い換えれば、自己の存在そのものの意味や価値にある種の不安を抱き、「自己とは何なのか」を真摯に問うていく行為そのものである。この「自己の究明」という視点から見ると宗教体験は憑依状態などとは、一線を画することになる。

人生や世界に対して何らの悩みも疑念も持たない人が、幼い頃から宗教を信じていたり、また、人生のある時点から宗教を信じるようになることもある。しかしながら、宗教を求める人々の多くは、何らかの意味で、自分の置かれた境遇や自分自身に対して満足せず、これらを超越する生き方を求める場合が多い。彼らは、心理学者のジェイムズの『宗教的経験の諸相』（日本教文社、以下『諸相』）にある言葉を使えば、「病める魂」の持ち主なのだ。常識や処世術や自分の凝り固まった考え方にしたがいながら生きていくのが嫌になった人々。自分が生きている世界の在り方に疑問を抱くようになった人々。物質的には不自由はないが、何となく生きることに意味を見出すことのできない人々。彼らには、何らかの形でそうした状況に対処する方法が必要となる。

そこで、日常的なものを超越する崇高なもの——これは日常的なものを超越するとはいえ、それに内在している場合も多い——と結びつくことによって、それらの状況に対処できるようになるというわけだ。その崇高なものとは、絶対的な「神」でもいいし、「法」（真理・法則・正義などの意味を持つ）という抽象的なものであってもかまわない。

宗教体験に至る共通のパターンはあるのか

先に述べたように、宗教体験には多種多様なものが含まれる。けれども、自己の究明という視点から、もろもろの宗教体験に至るプロセスを眺めれば、そこには共通点も見えてくる。これを一口でいうと、「小さな取るに足らない自己が、何らかの機縁を得て、大きな悦びに満ちた自己となっていくプロセス」と言える。もちろん、「大きな悦び」にもいろいろある。唯一絶対の神をたてるかたてないかは大きな問題であり、神との霊的結婚と身心脱落では当然「悦び」は異質である。しかし、このプロセスがミニマムな共通点である。

普通、このプロセスには時間がかかる。中国の臨済禅師も、『臨済録』（岩波文庫）の中で「体究錬磨を重ねた末に、はたと悟ったのだ」と弟子たちに語っている。そこでは、修行（学道）の重要性が説かれている。臨済のような人物でさえも、一朝一夕にして悟ったのではない。「体究錬磨して、一朝に自ら省す」。長い間にわたる体をはっての修行の末に、ある時「はたと」悟ったのだ。当然といえば当然だが、高度な宗教体験を得るには長くて苦しい道のりがあること、また、時が熟すれば「はたと」それが訪れることを、おさえておきたい。

宗教体験にはどのようなものがあるか

修行が進むにつれて、ものの見方が変貌したという中国の禅僧・青原行思は、次のように語っている。

> 禅に参じなかった三〇年前、山を見れば山、水を見れば水であった。
> それから、深い知識に達したとき、山を見るとそれは山ではなかった。
> しかし、悟りを得た現在、もう一度山を見るとそれはただ山であり、水を見るとそれはただ水である。（『続伝燈録』）

ある時点（この場合は二回ある）を境にして、世界の見え方が変わってくることが理解できる。これがポイントだ。**世界の見え方が変わるということは、実は自己が変わっているということ**である。世界に対する見方が深められ、世界そのものは変化していないとしても、それを悦びをもって受け入れるようになるのである。ただし、道元も言っているように、悟りを得た後でも「花が散ればまことに惜しいし、草が茂れば実にいやなものだなあ」（『正法眼蔵』）といった感じ方は消滅するわけではない。

日常の生活を超えでて悟りに至ると、また日常の生活に戻ってくる。しかし、たとえ「すべてが同じ」ではあっても、その生活や世界は以前と異なる捉えられ方をしている。自己が変わっている、成長しているのである。そしてこの時、自己はあらゆるものに対する執着から離れ、自由な境地に遊んでいることだろう。「あるがままに生き、あるがままに存在する」のだ。

宗教体験の本質はどのようなものか

ワッハという宗教学者は、宗教体験を他の体験と区別する基準を定めている。これを紹介しよう。

①宗教体験は、あらゆるものを条件づけたり支えたりしている、究極的な実在として体験されるものに対する応答である。
②宗教体験は、究極的な実在に対する、統合された全人格存在の全体的応答である。
③宗教体験は、人間に可能な体験の中で、最も強烈・最も包括的・最も衝撃的・最も

深遠な体験である。

④宗教体験は、動機づけと行動の最も強力な源泉であり、命令をも含む。(『比較宗教学』)

これらの基準が、宗教体験の本質を言い表しているとも言える。これらの基準は、青原行思の体験にも適用できる。

宗教体験と「自己」はいかなる関係にあるのか

「自己」との関係で宗教体験について言えば、繰り返しになるが、最終段階においては自己の能動的努力は放棄されることを挙げておきたい。いくら修行を積んでも、最終的な局面では、悟りや神秘体験には「何かが向こうから自分を掴まえにくる」という側面がある。ジェイムズの言葉を借りて言うならば、「自分自身の意志が止まってしまったような感じを抱く、より大きな力によって掴まれているように感じる」とでもいうことになろう。臨済の場合には、ある時「はたと」悟ったのであった。

しかしこの一方で、「真実の自己がある」という意識もみられる。この意識はある種の確信をもたらす。例えば、「何が起ころうとも、確たる自分は動揺しない」というような絶対的確信のようなものである。さらに、場合によれば、この自己は神や宇宙の根源的原理と一つになるのだ、という言い方もできよう。

宗教体験は持続するか

一般に、宗教体験はいったんそれを得るとその後もそのまま持続するのか、という問題がある。例えば、神秘体験の場合、持続時間は短いというのが通説だ。しかしながら、その体験が終わればそれでお終い、というのではない。たとえ一度の体験が時間的に短いとしても、その体験が何度も繰り返されていくうちに、心が豊かな深い広いものに変容していく。そして、日常生活がそのまま悦びに満たされているような境地になることもある。これを「恒一(こういつ)の境」という。また、宗教体験が一回限りのものであったとしても、それが記憶に残り、当人の内面に大きな影響を及ぼし、これを規定していくこともある。

宗教体験は情緒的か

宗教体験といえば、情緒的なものと考えられるかもしれない。だが、宗教体験は単に情緒的なものではない。たしかにその一面はある。しかし、これは「知的」側面も合わせ持つ。感情の状態に近いけれども、体験者にとっては「何かある種の深遠で素晴らしい知識を得た」という感じがする。もちろん、この知識というのは、単なる合理的・理性的な知識ではなく、そうしたものや情緒的なものが複合された（ないしはそうした区別を無意味にするような）性格のものであり、普通の知性では得られぬ深遠な宗教的真理に対する直観的洞察である。例えば、仏教では「無分別智」と呼ばれるものが、これに相当する。

宗教体験は訓練で獲得できるか

神社でお祓いをしてもらったり、教会でお祈りを捧げたりして、ほんの少し宗教的な気分にひたることは誰にでもできる。また、あまり深いところまではいけないにしても、ある程度の訓練や修行で宗教体験をそれなりに深めていくことも誰にでもできる。しかし、最終的な段階まで到達できるのは、素質がないと無理であろう。禅では師匠が弟子の境涯を折りに触れて点検する制度があるし、中世のカトリック神秘主義では、浄化・光耀・融合の三段階が基本的な神秘階梯とされた。それぞれの宗教の伝統のうちで設定された段階をのぼりつめて、最後の境地まで到達する人は極めて稀である。

宗教体験は人間にとってどのような意味を持っているのか

宗教体験は宗教の重要な部分である。現代の世俗化された都市に住まう人々の多くは、宗教からあまりにも懸け離れたところで生きており、宗教的な生活を不自然なものだと思っているだろう。しかし、宗教体験を得た人からすれば、宗教的な生こそ自然な生の在り方だということになる。そして、これこそが人間存在の真実であり、人間の生に深みと光をもたらすものだということになろう。何にせよ、宗教体験は、人をして世界を世俗的な視点とは違う視点から見させる。そして、この深化された世界に対する見方が、その人の生に深みと豊穣さを与えるのだ。

宗教体験から人間のどのような本質が見えてくるのか

これに答えることは、筆者の「宗教」の定義にかえることになる。つまり、人間というものは、自分の生の宗教的な意味を追い求め、自分の存在を了解したいという願望を持つ動物だ、ということである。

もちろん、「自分に宗教など関係ない」という日本人が統計的に多いのは十分承知している。しかし、人生のいろいろな局面で、人は宗教的なものと出会うし、また、出会わざるを得ない。そして、それ以後、宗教的なものや宗教的な考え方と深いかかわりを持つようになることも多い。例えば、身近な者の死に遭遇した場合など、その典型であろう。さらに、高い評価を得ている現代の小説・絵画・映画・アニメーションなどには「宗教的なもの」があふれており、それらが作品に深みと広がりをもたらし、人間存在の意味について考えさせる働きをしている。だとすれば、われわれは意識の深いレベルにおいて宗教（明確なものではないとしても）や宗教体験を求めている、ということにならないか。

神秘体験の特質

宗教体験の実例

宗教学にはさまざまな領域があるけれども、宗教体験論は多くの人々をひきつける分野だ。『宗教学がわかる』の読者の多くも「どんな宗教体験があるのだろう」「自分がひかれる宗教を体験してみたい」と思っているかもしれない。かく言う筆者も、通勤電車のなかで瞑想をしている。残念ながら、宗教体験というにはほど遠いのだが……。

さて、はるか昔から現在にいたるまで、世界中のどの地域の人々も宗教体験をもってきた、と言える。しかしながら、宗教体験が脚光を浴びるようになったのは、一八世紀ころからだ。また実際には、宗教体験は「宗教体験」と一言で括ってしまえるほど単純なものではない。何を「宗教」とみなすかについても諸説があるし、「体験」をいかに捉えるか

について も諸説がある。まして、その二つが結びついた「宗教体験」を簡潔に論じる（宗教体験論）などというのは、およそ不可能なことである。それはそれとしておいて、自分の宗教体験を語った実例を一つ紹介しよう。

アメリカの神学者で大覚醒運動の指導者であるエドワーズは、自分の回心体験を以下のように記している。

神的な事物にたいする私の感じが徐々に増していって、だんだんと活気を加え、内心の甘美さも増してきた。万物がその有様を一変した。ほとんどあらゆるもののなかに、いわば神の栄光の静かな甘い色合いあるいは様相が見られるようであった。神の崇高さ・神の知恵・神の純潔さと愛が、万物のなかに現われているように思われた。日にも月にも、星にも、雲のなかにも青空にも。草にも、花にも、樹にも。水のなかにも、すべての自然のなかにも。それによって、私の心はたいへん落ち着きをうるのが常であった。（ドゥワイト『エドワーズの生涯』による）

宗教伝統の内部でしか生じない

ジェイムズは「宗教」を次のように定義している。

宗教とは、個々の人間が孤独の状態にあって、いかなるものであれ神的なものと考えられるものと自分が関係していることを自覚する場合にのみ生じる、感情・行為・体験である。（『諸相』）

「神的なものと自分が関係する」ということはまさに宗教体験なのだが、「神的なもの」が時代や地域や宗教を問わず同一のものだとすれば、話はかなり簡単になる。けれども当然のことながら、これはおのおのの宗教伝統によって異なる。そして厳密には、宗教体験はすべての個人によって異なる――たとえ、同時代・同地域に生きて同一の宗教を信奉する人々の場合でも――とみなすべきであろう。すべての宗教は最終的に同一のものであるとか、複数の人々がまったく同一の宗教体験をもつことがある、と主張されることもあるが、これは困難だ。

また、宗教を「感情・行為・体験」として捉えるジェイムズの理解は、宗教の体験主義的理解だと解釈できようが、宗教体験に即して述べれば、次のようなことも重要な問題となってくる。前述したこととも密接な関係にあるのだが、純粋で直接的でまったく概念化されていない宗教体験があるだろうか、ということである。これについても、筆者は否定的に考えている。神的なものとの直接的・直観的な融合を強調する神秘体験（後述）の場合ですらも、そうした体験はありえない、と考える。すべての宗教体験は宗教伝統の内部でしか生じない。つまり、ある宗教的信念体系という「概念の枠組み」があって初めて、宗教体験が生じるのだ。もちろん、多様な宗教を遍歴し、その上で自分独自の宗教体験をもつ人もいるだろう。けれども、その根底にはその人が遍歴した諸宗教の伝統がある、とみなすべきである。

人生の悩みとその解決

ジェイムズは『諸相』の結論で、「すべての〔宗教的〕信条は、互いにどれほど異なっていようとも、すべてが一致して立証するような共通の核心をもっている」と述べ、その核心として「不安感」および「その解決」をあげる。

①不安は、もっとも簡単に言えば、私たちが自然の状態にあるときに、何か私たちに間違っている点があるという感じである。

②解決というのは、より高い力と正しく結びつくことによって、この間違いから私たちが救い出されるという感じである。

ジェイムズの場合、「間違っている」というのは道徳的な間違いを主として意味し、「解決」は神秘的な色調をおびるとされる。

しかしながら、彼のいう二つの核心をもう少し広く解釈してもよかろう。前節でも述べたように、人生や世界にたいしてなんらの悩みも疑念もない人が、宗教を信じるようになったり、信じていたりすることもあろう。けれども、宗教を求める人々は、なんらかの意味で、自分の人生やこの世にたいして満足せず、これらを超越する生や世界を希求する人々である場合が多い。常識や処世術や自分の凝り固まった考え方にしたがった生き方や、自分が生きている世界に疑問をいだくようになる。すると、なんらかの形でそれらに対処する方法が必要となる。そこで、自己がジェイムズのいう「より高い力」や超越的なものと結びつくことによって、それらに対処できるというわけである。個々の宗教体験の諸相を見ていくと、こうしたこととまったく関係ないと思われる現象も見聞しよう。しかし、宗教体験について考える時には、それをもたらす脈絡や「場」として、こうした事情があることを見落としてはならない。

神秘体験の特質

さまざまな宗教体験があるけれども、なかでも「神秘体験」は宗教体験の極致である。ワッハの「究極的な実在」やジェイムズの「神的なもの」と関わり（接触・融合）を結ぶのが宗教体験の基本であるが、こうしたものとの関わりが深まるにつれて、日常の体験とは類を異にするというか次元が違う、強烈で特異な体験がもたらされる。こうした特殊な体験を「神秘体験」と呼ぶ。

このような体験は、キリスト教神秘主義では「融合」「霊的結婚」「見神」「神との合一」などと言われる。ヒンドゥー教や仏教では「梵我一如」「等至」「三昧」「悟り」「見性」「身心脱落」などと呼ばれる。

前記のエドワーズの回心談も神秘的色彩をおびているのだが、キリスト教信者の神秘体験の一例を紹介しよう。

帰途、突然、なんの前触れもなしに、私は自分が天国にいるのを感じた——ある温かい光を浴びているという感じをともなった、筆舌に尽くしがたいほどの強度の心の平安と歓びと確信であって、まるで外の状態が内的効果をひきおこしたようであった——私は光明の真中にいるようであったので、私の周囲の光景が以前よりもいっそうはっきりと目立ち、そしていっそう私の身近にあるようであったにもかかわらず、肉体を超越してしまったような感じであった。この深い感動は、その強さがだんだん弱まりながらも、家に帰りつくまで続いた。そしてその後しばらくして、しだいに消えていったのであった。(トレヴォール『神の探究』)

この体験談からも看取しうるが、ジェイムズにしたがえば、神秘体験の特質は次の四つである。

①言表不可能性——神秘的状態は、言葉で言い表せない。

②知的性格——神秘的状態は、感情の状態に似ているが、真理の深みを洞察したという知的な性格を持つ。

③一時性——神秘的状態は一時的なものであり、稀な場合を除けば、三十分から二時間ほどが限度である。

④受動性——神秘的状態は、手段を講じることによりある程度まで生じさせやすくできるが、一度それが出現すると、当人は自分の意志が働かなくなったかのように、また自分がある高い力によって掴まれ担われているかのように感じる。（前掲書）

言語と宗教体験

これまで宗教体験および神秘体験について述べてきた。けれども、自分の体験を他者に伝達することの可能性、および他者の体験を理解する可能性をめぐっては、じつは大きな問題があるのだ。

自分の宗教体験の伝達をおこなう場合や他者の宗教体験を理解する場合には、動作・表情などさまざまな表現手段や理解の手掛かりがある。しかし、何といっても言語がはたす役割が最大のものであろう。まず、話し言葉・書き言葉としての言語がなければ、つまり宗教の概念的枠組みが与えられなければ、宗教体験はありえないのである。さらに、存命でない人や自分が直接に話せない人の宗教体験を理解しようとする場合には、言語にたよる以外にないであろう。宗教伝統は言語なくしては存続しえないのだ。

ところで、われわれが他者の宗教体験を理解するとき、ふつう前提とされるモデルは以下のようなものである。宗教体験をもった他者の心的生がある→これが書かれたり話されたりすることによって言語化される→この言語を媒介として他者の宗教体験を理解するわれわれの心的生がある。他者の生を理解することは、言語を媒介手段として、自分の生を他者の生に移入することによって達成されるのである。

宗教体験・神秘体験は言い表すことができないと言われながら、現実には、多くの人々が自分の体験を語ろうとしてきた。なるほど、そのさいには日常的な言語表現とは異なり、象徴的表現・否定的表現・逆説的表現が用いられることが多い。

しかしながら、全体として見れば、自分の宗教体験を表現しようとする時や、他者の宗教体験を理解しようとする時には、「言語とそれが語り指示する体験との間には対応関係が成立している」という前提があるのではなかろうか。これは疑いの余地のないものなのだろうか。もし、その言語とそれが表現しているものとの間の対応関係が保証されないとすれば、上記のモデルは破綻をきたすことにならざるをえない。

すなわち、このモデルにのっとっている通常の他者の宗教体験の理解および自分の宗教体験の伝達は成功する保証がなくなる、というわけだ。ウィトゲンシュタインは「もし人が感覚の表現の文法を〈対象と〔それにつけられた〕名称〉というモデルにしたがって解釈すれば、その対象は〔言語ゲームとは〕無関係なものとして考察の視野から脱落する」と論じた（『哲学探究』）。

たとえ宗教体験そのものは存在しているとしても、それとそれを表現する言語との間に確実な対応関係があることは保証されないのだ。これは、上記の通常のモデルにのっとって他者の宗教体験を理解しようとする、われわれに対する挑戦である。

このようなことを踏まえれば、「宗教体験や神秘体験は言葉では語りえない」といわれる理由、それらについて語るときには象徴的・否定的・逆説的表現が多用される理由などを、新たな観点から検討できるかもしれない。

① ②

付記——鋭い読者は、最後に提示した筆者の二つの論点の整合性に疑問をもつだろう。すなわち、①「宗教伝統は言語なくしては存続しえない」という論点と、②「宗教体験そのものとそれを指示する言語との間の対応関係は保証されない」という論点である。筆者は最後の文章で逃げをうっているのだが、この二つの論点の整合性を保つのは容易ではない。簡単な解決策としては、①を肯定し②を否定すればよいのだが、筆者には②も捨てがたい……。いずれにせよ、宗教体験とそれを表現する言語をめぐる問題は、種々の難しい問題をはらんでいる。

鈴木大拙の禅論とシュッツの現象学

『新版　鈴木大拙禅選集』との出会い

筆者は仏教や禅についてはほとんど知らない者である。それが、鈴木大拙（以下、大拙）の没後二五年を記念して、春秋社から刊行され始めた『新版　鈴木大拙禅選集』について、差し出がましくも雑文を寄せようというのである。とんでもない話だが、「本選集の特色」に「新しい読者のために……」ともあるので、仏教や禅について何も知らない一読者が本選集をいかに読んだだか、述べさせていただきたい。

大拙の禅についての理解および論述は、禅の専門家の先生方から見れば、問題がある部分もあるかも知れない。けれども、筆者のような素人にとっては、禅について、一見、わかり易く書かれているところが有り難い。この選集は、自分がもっている問題意識と照らしあわせながら、自由に読めばよいのだと思う。また、筆者にはそういう読み方しかできない。

さて、一口に「面白い」とは言っても、人によってどこが面白いかは異なるであろう。それでは、筆者にとってはどういう所が面白かったか。ズバリ言えば、彼の知識論・認識論――以下、広い意味で世界を理解するための理論として、両者をあわせて知識論と表記する――にかかわる議論である。具体的に述べよう。

禅の眼目は「悟り」にあるのだろうが、この悟りという、あらゆるものを一度に、全体として、そのあるがままに受け入れる体験に興味を覚えた。くわしく言えば、悟りをめぐって展開される、以下のような項目についての議論がとりわけ面白かった。悟りにいたるプロセスについての記述、分別・揀択（けんじゃく）（より分けて選び出すこと）の否定、絶対的現在という時間観、過去・現在・未来を一つの全体として捉える時間観、開悟（かいご）ののちにもとの世界へと還帰することなど、これらについての大拙の議論にとりわけ興味を抱いたのである。

興味を引かれた大拙の議論

なぜ右のような論点に興味を持ったかといえば、筆者が研究しているシュッツやルックマンという学者が展開している知識論と、大拙の禅論を絡めて議論が展開できるのではないか、という予感をいだいたからである。

シュッツやルックマンといっても、御存知ない読者もいらっしゃることだろう。手短に、彼らについて紹介しておこう。シュッツは、一八九九年にウィーンで生まれ、後にアメリカに亡命して、一九五九年にそこで亡くなった。いわゆる「現象学的社会学」の始祖となった人物である。最初、ウェーバーの社会学をフッサールの現象学によって基礎づけることから出発し、われわれの生きている日常生活の世界をさまざまな角度から現象学的に分析した。著書には、『社会世界の意味構成』や『論文集』（全四巻）、およびルックマンとの共著である『生活世界の構造』などがある。ルックマンは、一九二七年ユーゴスラヴィアに生まれ、シュッツについて学んだ社会学者である。著書には、『見えない宗教』や『リアリティの社会的構成』（共著）、およびシュッツと共著の前掲書などがある。

ところで、禅と西洋哲学との比較思想論的な仕事も、これまで多くなされている。たとえば、道元とハイデガー、道元とサルトル、道元とウィトゲンシュタインとの比較などである。これまでの研究はそれとして、シュッツ＝ルックマンのいわば現象学的知識論と大拙の禅論とを突き合わせて議論することには、多くの意義や可能性が考えられる。さきに挙げたような大拙の論述を、シュッツ＝ルックマンの知識論と突き合わせて論じることによって、互いの理論が照射しあい、それらの理解をさらに深いものにしてくれたり、新たな視点が開かれたりする可能性がある。すこし理解しづらいとは思うが、以下でその具体例を挙げ、そのあとで、それらのうちの①について詳しく述べたい。

たとえば、現象学的知識論から大拙の禅論を見ると、以下のような分析や説明が期待できる。

①大拙自身の場合もふくめて悟りにいたるプロセスを、現象学的知識論は、従来にない視点から分析する。

②この世の在り方に疑問をもつこと、つまり世界を知悉（ちしつ）できないことから宗教心が発露する場合があるが、現象学的知識論は、どうして世界が知悉できないかを説明する。

③大拙は分別・揀択を否定するけれども、現象学的知識論は、これらの発生論的メカニズムについて説明する。

反対に、大拙の禅論は、シュッツ＝ルックマンの現象学的知識論に対して、以下のような貢献をするであろう。

①悟りについての大拙の議論は、「日常生活世界」（後述）と「閉じられた意味領域」（後述）としての宗教との間にある、視座の相互性についての具体例を提供する。

②シュッツ＝ルックマンの立場からすれば、大体において、悟りの世界と悟る以前の世界とは対立的に捉えられるが、開悟のあともこの世界をそのままに受け入れる禅の考え方は、「日常性」や「多元的リアリティ」（後述）をめぐる二人の議論をいっそう洗練されたものとする切っ掛けを与える。

③シュッツ＝ルックマンはフッサールの現象学の影響を受けており、自我が端的に存在するものとして理論を構成しているが、自己の究明をおこなう大拙の禅論は、彼らの自我観に問題を提起する。

まだまだ挙げればきりがないが、右の指摘だけでは抽象的すぎて、筆者が何を言いたいかを理解していただけないだろう。そこで、最初の事柄についてのみだけれども、少しばかり述べてみよう。すなわち、シュッツの「多元的リアリティ」論を使用しながら、開悟にいたるプロセスを部分的にだが分析してみようと思うのだ。

鈴木大拙の禅論とシュッツの現象学の一つの接点

（1）シュッツの「多元的リアリティ」論

われわれが日々暮している生活は、たんに日常世界という単層的・一枚岩的な世界のなかでのみ営まれているのであろうか。そうではあるまい。小説を読めばその小説の世界に、映画を見ればその映画の世界に、演劇を鑑賞すればその演劇の世界に、夢を見ればその夢の世界に没入する。こういう世界に没入するすると、それまで関わっていた日常世界とはまったく異質な世界に住み込むことになる。換言すれば、われわれは、意識をむける方向を変えることによって、多層的・多元的な諸世界を生きているのだ。そして、これらの世界は、それ独自の閉じられた「意味の世界」を構成している。

シュッツのいう「日常生活世界」（後述）において営まれる生活では、禅で言う「分別」「揀択」によって認識がおこなわれ、実用的な動機によって行為が企てられる。悟りに至れば、日常生活世界におけるこうした人間の在り方は否定される。けれども、悟りが開かれるための前提として、この日常生活世界は厳然として存在するのだ。

日常生活世界の特徴についてのシュッツ自身の見解を、少しばかりの修正をくわえながら、悟りにいたる過程の分析との関連において、以下のように要約したい。

①われわれは、この世界の在り方にたいして疑問をもたない。

②この世界に住まうわれわれは、実用的な目的・計画・自発性をもつ。

③この世界は、他の人々と共通な世界、コミュニケイションと社会的行為の相互主観的な世界である。

④この世界では、相互主観的世界の普遍的な時間構造としての標準時間が支配している。

⑤われわれは常に――たとえ夢を見ているときですらも――身体によってこの世界に参与している。

⑥われわれは、身体活動によってこの世界と関わりあうことができ、したがって、それを変容させることができる。(『現象学的社会学』紀伊國屋書店)

この日常生活世界のなかにある「飛び地」とされる「閉じられた意味領域」として、悟りの世界があると考えられる。この世界の内部では、分別や揀択によってものごとが捉えられるのでもなく、実用的な動機によって行為が企てられるのでもない。悟りというこの閉じられた意味領域としての世界の特徴についても、修正しながらだが、シュッツの見解をまとめておこう。

①この世界は、日常生活世界の認知様式ではなく、この世界に特有な認知様式をもっている。

②この世界に特有な認知様式によって構成される諸経験の一貫性と無矛盾性とは、この世界の内部でのみ成立する。

③この世界では、われわれは実用的な目的・計画・自発性をもたない。

④この世界は、この世界に特有な時間構造をもつ。(同書)

日常生活世界と、閉じられた意味領域としての悟りの世界との関係については、ここでは一応、次のようにしておこう。

①日常生活世界と悟りの世界のいずれから他方の世界を見ても、他方に属する経験は受け入れ難いように見える。

②日常生活世界から悟りという意味領域に移行することは、キルケゴールの「飛躍」――「飛躍」というには時間がかかりすぎるにしても――であり、これには意識の変化が伴う。（同書）

（2）悟りをめぐるシュッツ流の分析

図を使用しながら、議論を進めることにしよう。多元的リアリティ論の視点から、二重の楕円に譬えていえば、図2―図4における内側の楕円の内部（B）が悟りの世界であり、これを包摂する外側の楕円の内部で内側の楕円との間にある部分（A）が日常生活世界である。この内側の楕円がだんだんと大きくなる過程として、悟りにいたる過程を考えることができよう。

〈図1の説明〉　これは、悟りなどにまったく関心のない状態を表している。分別・揀

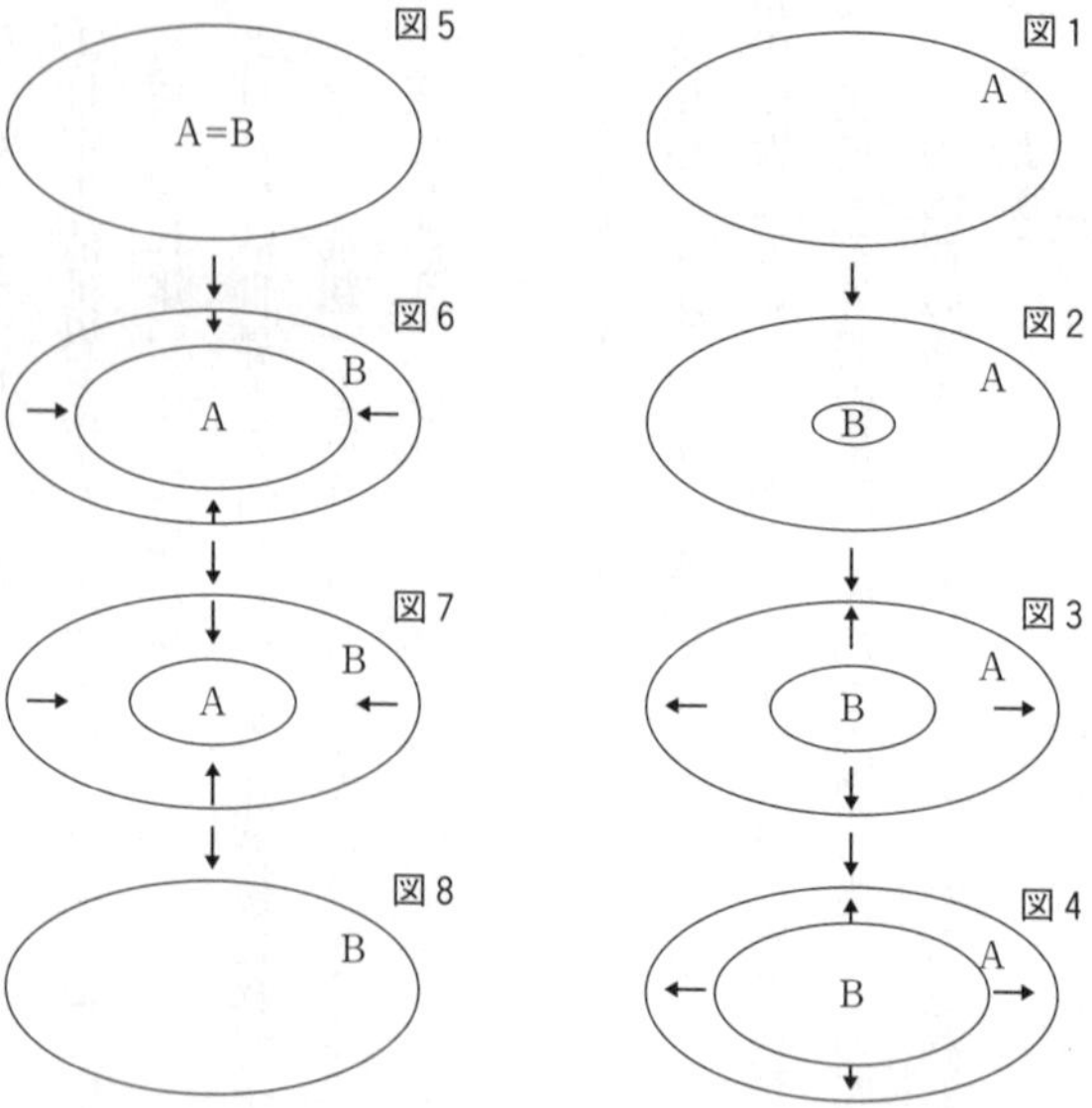

択によってものごとを判断し、世俗的な実用的動機によって行動をおこすことにしか関心はない。この行動は直面した状況への対処・克服に向けられる。

〈図2の説明〉　しかし、自分の肉親が死んだとか、世の中におけるものごとの在り方に疑問をもち始めたとか、ある宗教家の生き方に心を打たれたとか、なんらかのことが切っ掛けで、宗教心・求道心が目覚めてくることがある。

大拙の場合には、高等中学校を中退したころから、「なんとなく人生に疑いを抱き、草木は無心に成育し花を開いて自足しているのに、人の生活はなぜそのようにならないのであろうか」という疑問をもつようになったと言う。また、自分と知人のおかれた経済的境遇にたいしても疑問をもたざるを得なかったのである。これが彼の「宗教に入る第一歩」であったのだ（秋月龍珉『人類の教師・鈴木大拙』三一書房）。

われわれが分別・揀択をおこなうのは、われわれの生活史においてその都度の時点で形成されている、あらゆる種類の知識の総体としての「知識ストック」に蓄積されている「類型」を通してである。しかし、この知識ストックないし類型は、ものごとや世界を理解するには、実にちっぽけで粗雑なものである。われわれはあまりにも知らないことが多いゆえに、人生やこの世のことについて疑問をもつようになるのだ。

また、いくら知識を追い求めても、世界というものは、シュッツ＝ルックマンが『生活世界の構造』で分析しているように、「根本的に不透明」なものであり、われわれが世界のすべてを知ることは原理的に不可能なのである。なんらの疑問をもたずに日常生活を送る場合には、われわれの知識ストックはさまざまな状況の克服・対処にとって、だいたい充分なものかも知れない。けれども、世界の根本的な不透明さのために宗教に興味をもち始めるといった、感受性が鋭く豊かな人であれば、この世の在り方に疑問をもつようになるだろう。現世的に生きることだけでは割り切れないなにものかを感ずるようになろう。

そこで、禅書を読んだり、禅僧の話を聴いたり、坐ったりするようになる。また、出家して禅寺に行く場合もあろう。とにかく、悟りに興味をもち始め、それを求めて修行に励むようになる。大拙いわく、参禅し始めたときには、「しきりに本を読んだ」り、「五里霧中で、やたらとあがき廻った」のだ（秋月、前掲書）。

〈図3の説明〉　だいぶ修行が進み、ほんとうに小さな意味領域に過ぎなかった悟りが、しだいに大きくなってくる。けれども、悟りに到るには、常に求道心とか問題意識をもち続けることが必要である。「いやしくも悟りというものが出てくるまでには、大小にかかわらず、高度の心力集中がなければならぬ」（鈴木大拙『禅問答と悟り』春秋社）のだ。また、大拙は秋月龍珉氏に、次のように語っている。

どうしても「公案」（関所）が透らん、わしはダメだ、もうやめた、と思うているが、われ知らず「動中の工夫」（坐禅の静中の工夫に対して、日常の動きの中の工夫をいう）をやっている。それでひょっとある機会に悟る。無意識の底に「疑」（問題意識）を捨てていないのだ。夢の中でひょっと幾何の問題がとけた、路を歩いていてふっとスバラシイ詩ができた、というようなことがある。だから公案にはいつも「これなんぞ？」という「疑」が根本的に無意識的に動いていないといかん、そこに「悟」への契機がひそんでいると、わしはいうのだ（秋月龍珉『鈴木禅学入門』三一書房）。

〈図4の説明〉　さらに悟りという意味領域が大きくなってくる。しかし、図2から図4ないしは図5へのプロセスは、一直線的なものではない。これはただ、修行が苦しいとか、公案が難しいとか、時間がかかるといったことではない。たとえば、「大疑」という状態がでてくることがある。大拙が言うには、悟りに到るまでには、心の鏡とか意識の野とか呼べるものが徹底的に払拭されて、雑念が一切消え失せるようにならなければならない。はじめは、この清浄の状態は意識してもたらされるのだが、「一旦清浄の境界が出てくると、それが自分の力ではどうともできないような状態になる。その心持をたとえるというと、水晶の宮殿にいるようであって、いかにも透きとおって心持よく清々した感じがする」。けれども、これは悟りの状態ではなくして、悟りに到るべき必然の心理的過程の一つであり、「これをいわゆる大疑の状態というのである。しかしこの大疑の状態に停滞していては、悟りというものは出ないのである」。この状態が破壊され、一転しなければ悟りは出てこないのだ（鈴木、前掲書）。

また、図4（場合によっては図5）まで大きくなった意味領域としての悟りが、図3や図2（場合によっては図1）の状態まで逆戻りすることだってある。上田閑照氏も語るがごとく、「向上の段階は、段階としては同時に、転落の段階でもあり得る」（上田・柳田『十牛図』筑摩書房）のだ。図2から図5までのプロセスは複雑であろう。そして長い時間がかかるであろう。くわえて、先にも述べたように、この間も求道心や問題意識をかたときも忘れずにもち続けなければならないのである。

〈図5の説明〉　しかし、いずれ悟りを開くことになる。日常生活世界がそのまま悟りの世界と重なるのだ。ここに至って悟りが成就される。

大拙はアメリカに旅立つ前年の臘八摂心（ろうはつせっしん）で見性体験を得て、「月明かりの中の松の巨木と自己との区別をまったく忘じ尽くした、〈自他不二〉の、天地と一体の自己を体得した」。そしてこの体験は、アメリカのラサールに滞在していたあるとき、さらに徹底されることになる。「ひじ、外に曲がらず」という一句を見て、「ふっと何か分かった」ような気がした。悟りとは「至極あたりまえ」で「なんの造作もないこと」なのだ。「ひじは曲がらんでもよいわけだ」。これ以来、大拙は「ほんとうに〈禅〉がはっきりした」という（秋月、前掲『人類の教師・鈴木大拙』）。

　ここで終ってもよいのだが、さらに、次のことをつけ加えておきたい。

〈図5―図8の説明〉　悟りを開いた瞬間に、日常生活世界は悟りの世界につつみこまれ、消滅してしまう。ここに至って、悟り一色の世界となり、図1の状態と図8の状態とはまったく対照的なものとなる。しかし、逆説めくが「禅経験は……必ずもう一度、分別の面に露われなくてはならぬ」（鈴木大拙『禅百題』春秋社）と述べられるように、悟りを開いた自己は、開悟以前の世界に還帰するのだ。

　ここまで読んでくださった読者には、さまざまな疑問が浮かび上がってくるだろう。悟りを「閉じられた意味領域」として捉えるのは妥当か。開悟以前の自己や世界と、開悟以後の自己や世界とは同一のものなのか。そうでないとすれば、それらはいかなる関係にあるのか。シュッツの「多元的リアリティ」論は自我の意識の能動的作用を重視する理論であるが、この理論で禅の「自己」を捉えきれるのか。まだまだあるだろうが、これらの問題に一つひとつ答えることは、ここでは不可能である。残念ながら、題とした「鈴木大拙の禅論とシュッツの現象学」が繋がる一端を示しただけで、拙文を終える。

付記――さらに詳しい議論については、拙著『悟りの現象学』（法藏館）を参照していただけると幸いである。

五〇歳の初マラソンで考えたこと

「若い」と思っていた筆者も、今年で五〇歳になった。同世代の人びととの会話では、やはり、下り坂の健康の話が多くなりつつある。筆者も例外ではない。これまで不摂生の人生を過ごしてきたので、健康にはあまり自信がない。しかし一方で、「まだ若い」とひそかに思っているのも事実である。そこで、体力試しに、自宅ちかくで毎年開催される「かすみがうらマラソン大会」に出場してみよう、という気になった。あまり練習しないので完走に不安もあったが、結果的に思わぬ好タイムでゴールインし、多くの貴重な経験をし、久しぶりに感動を味わうことができた。

途中では、龍樹の『中論』（第三文明社）や中島義道氏の『時間を哲学する』（講談社）で書かれていることを思い出し、期せずして、マラソン大会は思索の場ともなった。

スタートから二〇キロ地点まで――「運動の否定」について考える

二〇〇六年四月一六日、午前一〇時。天候曇り、気温六・六度、湿度七八％、北東の風一・五メートル。仕事がこんでいて体調は万全ではなかったが、スズメバチのエキスの入ったゼリーを食べ、ストレッチをして、スタート地点に立つ。記録はどうでもいいので、緊張感もなく、今から始まるシナリオのないドラマに好奇心が湧いた。先頭の有力選手たちから一分五七秒遅れで、スタートラインを踏む。

一〇キロ点は、一時間〇〇分一〇秒で通過。二〇キロ点は、一時間五八分四二秒で通過。中間地点をすぎたところでかなり急な下り坂が出現し、二〇メートルの標高差を一気に駆け下りることになった。しかし、膝への負担を考えて、この坂は歩くような速度で走ることにする。下り切ったところで、方向転換してややスピードをあげ、あとは霞ヶ浦の湖畔沿い（とはいっても湖からは少し距離がある）の平坦な道を、一路、ゴールをめがけて走ることになった……。

さて、走っている間は、下世話なことから高尚なことまで、いろんなことを考える。

走っている最中にもかかわらず、「八宗の祖」とよばれる二世紀から三世紀にかけて生きた龍樹（ナーガールジュナ）の「去るものは去らず」というのを思い出した。マラソンに即して言いなおすと、「走るものは走らず」となる。つまり、龍樹は「運動」を否定したのだ。以下は、走っている最中に龍樹をめぐっておこなった妄想の内容である。

龍樹は、『中論』という著作の第二章で、こう主張している。

まず第一に、すでに去ったものは去らない。次に、まだ去らないものも去らない。すでに去ったものとまだ去らないものとを離れて、現に去りつつあるものも去らない。

（第一偈）

「過去において去ってしまったものは、現在では去っていない」とか「未来において去るであろうものは、現在ではまだ去ってはいない」というのは、誰にでも理解できる。しかし、「現在において去りつつあるものも、去ってはいない」というのは、われわれには理解できない。なぜなら、常識的には、どう考えても「去りつつあるもの」はまさしく現在において「去りつつある」のだから。走っている筆者にとっては、「走っているものは走っている」ということは自明であり、疑いようがない。龍樹のいうことは、まったく事実に反する。

これに対して、龍樹は以下のように反論する。

現に去りつつあるものに、実に、どうして、去るはたらきが成り立ち得るであろうか。現に去りつつあるものに、二つの去るはたらきは、成り立たないからである。（第三偈）

「現に去りつつあるものに去るはたらきがある」と主張するならば、二つの去るはたらきがある、という誤りが付随してしまっている。すなわち、「現に去りつつあるもの」を成り立たせる去るはたらきと、さらに「そこに去るはたらきがある」という去るはたらきとである。（第五偈）

これら二つの偈の要点は、一つの主体には一つの去ることしかない、ということに尽きる。もしも「〈去りつつあるもの〉が去る」というならば、主語の〈去りつつあるもの〉の中に含まれている「去る」と、新たに述語として付加される「去る」との二つの「去ること」が、一つの主体（主語）に付随することになるのである。「去るはたらき」が二つあるとすると、「去る主体」も二つあることになる。だが、去る主体は一つなのだから、これは許されない。

右のように論じて、龍樹はわれわれ凡人の考え方を否定するわけだが、筆者にはどう考えても龍樹の主張は腑に落ちない。今から龍樹の主張をめぐって妄想を披瀝するが、「去る」というのを「走る」におき換えよう――龍樹いわく、「〈走るもの〉は走らない」と。

ランナーは走りながら、頻繁に水分を補給する。「走るものは水を飲む」は問題ないだろう。このことから、「走っている」と「水を飲む」という異質な二つの述語が、同一の人物（ランナー）に適用されることに問題はない。「走るものは腕時計を見る」「走るものは隣で走っている人と話をする」の場合も然りである。こうしたことは、龍樹も否定しないに違いない。

マラソンのランナーたちは、状況によって走るスピードを変える。筆者の場合には、下りでは、膝への負担を考慮して歩く速度くらいまでスピードを落とし、平坦な道になると、少しスピードをあげたのであった。このとき、筆者は「走っている」のだが、その走り方は一様ではない。単純にいえば、二種類の走り方をしている。「歩くほどの遅い走り」と「それよりは速い走り」とである。遅く走っていたものが速く走るようになれば（またその反対の場合も）、それは、異なる動作をあらわす二つの述語に一つの主体が対応しているのだから、「走るものは水を飲む」「走るものは腕時計を見る」などと同様に、「走るものは走る」も不自然ではなかろう。

問題は「走り方の質の違いを重視するかしないか」だが、状況に応じて走り方をさまざまに変える／変えざるをえないランナーから見れば、「走る」を一括りにするのは受け入れられない。走り方は時々刻々と変化しているのである。厳密にいえば、一様で均質な走り方など存在していないのだ。「走る／走っている」という述語が何を意味するのかを真剣に考えると、「走る」を一様で均質な動作とみなすことのうえに成立している「走るものは走らない」をそのまま受け入れるのは難しい。つまり、走り方が時々刻々と変化しているとすれば、「走るものは走る」には「走るものは水を飲む」とおなじく、一つの主体に異なる二つ以上の述語が帰されているのだ。

以上のように考えると、「走るものは走る」といえないだろうか……。

いや、やはり龍樹は「走り方が違うとすれば、それは二つの述語になるから、〈走るものは改めて歩く〉とか〈歩くものは改めて走る〉となるのであって、〈走るものは走る〉ではない」というだろうなあ……。結局、これは走行中の妄想にすぎないか……。しかし、こうして走っているのは疑いのない事実だ――「走るものは走る」。「我走る、ゆえに、我あり」……。

中間地点は、二時間〇六分一二秒で通過。三〇キロ地点は、三時間一〇分〇二秒で通過。ここまでは、予想をはるかに上回るペースで来た。いい意味での無意識的な緊張感が、やはりあったのだ。しかし、結果的に、これが最後の一〇キロの脚の激痛にもつながっていった。

三〇キロからゴールまで――「時間の流れ」について考える

このマラソン大会で、ほんとうに辛くなったのは、三〇キロ地点をすぎて、とりわけ三五キロから四〇キロくらいの間である。ゴールに近づくにつれて、ゴールが遠のいていく。脚の痛みも増しつづけ、これに加えて、愚かにも初めて履いた新しいシューズが災いして、足の内側が靴擦れで辛い。ドンドン抜かれていく。「前半をもっとゆっくり走ればよかった……」と後悔する。痛みを和らげるスプレーを何度も使用した。

四〇キロをすぎると、ゴールが近くなったことを実感でき、「完走しよう！」という気持ちも強くなる。しかし、この一〇キロないし五キロの間は、脚のいろんな部分の痛みが強くなりつづけ、空間的にゴールが近づけば近づくほど、時間的にゴールが遠くなるのである。じつに不思議な「時間」の感覚であった。

大学では、今年度は中島義道氏の『時間を哲学する』をテキストにして、「時間」について講義しているが、そこで書かれていることが思い出されてきた。①難しくいえば「客観的時間／主観的時間」、易しくいえば「時計で測る時間／自分が意識した時間」が1より大きいと、時間が経つのが速く感じられ、1より小さいと遅く感じられる。②時間の流れの本質は、主観的時間と客観的時間のずれを体感・実感することにある。

これを右の「不思議な時間の流れ」に適用すると、謎が解ける。つまり、時計で計測されつつある客観的時間と、脚の痛みに必死に耐えながら走っている主観的時間にはズレがあり、右の割合が1より大きいのだ。さらに、痛みが激しくなり、ゴールが近づけば近づくほど、このズレは大きくなった。だからこそ、ゴールが近づけば近づくほど、ゴールは遠くなるのである。

さらに話を広げよう。筆者の同級生は二三歳にして白血病で亡くなった。その一方で、毎年敬老の日には、百歳をすぎた方々が紹介される。皆さんお元気で、何よりである。しかし、この四倍以上もの歳の開き、年数にして七七年の違いは、そのとおりなのか……。筆者の同級生は、長寿の方々の四分の一以下の人生しか生きなかったのか……。筆者もとうとう五〇歳になってしまったが、「五〇年も生きた」という実感はまったくない。実感としては、三〇年くらいである。おそらく、百年生きたとしても、百歳まで生きたという実感はないだろう。「まだ五〇年位しか生きていない」という実感に違いない。いや、ひょっとしたら、同じく「三〇年位」と感じるかもしれない。

あまりにも大雑把に思われるかもしれないが、この誰もがもつ実感を右の二つの時間のズレに当てはめてみると、さらに面白いことがわかる。二三年の人生と百年の人生でも、人生の最期に及んでは、二人が生きた人生の長さに対する実感は、じつはそれほど違わないのだ！　場合によれば、長生きした人のほうが短命の人よりも、人生の最期で「人生の短さ」を痛感する可能性もある！　いずれにせよ、人生の最期で、自分のそれまでの客観的な時間の流れを他人のものと比較することは、無意味なのである。

このことをふかく理解すると、「人生は短い」「人生は儚い」などと詠嘆しなくなるかもしれない。もちろん、これが良いことか悪いことかは、人によって違うだろう。しかしながら、筆者はそうした詠嘆（それがいかに深いものであろうと）よりも、透徹した現実理解を好む。

四〇キロ地点は、四時間二九分一七秒で通過。そして、両脚の激痛に耐えて、やっとゴールイン！　四時間四五分二三秒！

フルマラソン初参加、練習はーヵ月にたったの三日、一ヶ月の走行距離の合計が五〇キロ以下、二〇キロ以上は走ったことのない筆者にしては、大満足だ。今回の成功で、「五〇歳を過ぎてもまだまだやれる！」という大きな自信を得た。これまでの不摂生の習慣を何とかして改善し、ほんの少しでも記録を伸ばしたい。五〇歳にして、人生が楽しくなってきた。

付記――マラソン大会の後は走ら（れ）なかったが、その夏に初めて、打ちっ放しのゴルフをやってみた。二〇〇球ほど打ったが、不覚にも肋骨を骨折してしまい、その後、まったく運動ができなくなってしまった。読者諸氏には、くれぐれも、急に過度の運動をしないようにお願いしたい。また老婆心ながら、ジョギングやランニングを始めようと思われた読者は、シューズにお金をかける（一万円程度）のが賢明である。できれば、いろいろなアドバイスを受けられる店で購入するのがよい。

第3章　言語と宗教

饒舌の科学・沈黙の宗教

言語と科学と宗教と

現代は、良きにつけ悪しきにつけ、科学ないし科学技術の時代である。普通、科学は主観的ではない理論を構築すると見なされている。けれども、科学が厳密な意味で「客観的な事実」を取り扱えるかどうかは、学者のあいだで論争がある。しかしながら、それはそれとして、一応ここでは常識にあわせて、科学は「客観的な事実」に関わるものだと見なしておこう。科学においては、論理・理性・合理性といったものが重要なはたらきをする。

これに対して、宗教は、昔からどの時代においてもどの地域においても、多くの人々にとって重要なものであった。また、今後も当分のあいだは、このことに変わりはないだろう。そして、宗教は人間とどのような関わり方をするのかといえば、それは人間が生きていくうえで必要不可欠な「価値」の問題と関係するのである。宗教は論理・理性・合理性では割り切れない世界をつかさどるのだ。

論理・理性・合理性が大活躍する科学では、言語（数式なども言語の一種である）が必要不可欠の道具となる。なぜなら論理・理性・合理性は、言語によって現実的・具体的な形をとることになるし、世界の状態や事実は言語によって写し取られるからである。それゆえ、今回の『トレードピア』の特集のテーマの言葉を使えば、科学は「饒舌」「雄弁」にならざるをえない。

これに対して、論理・理性・合理性を超える事柄に関わる宗教は、「不立文字」「文字は殺し霊は活かす」などといわれるように、「沈黙」「寡黙」にならざるをえない。

ところで、科学と宗教という二つの領域をさまざまな角度から見事に対照させて思索した哲学者に、ウィトゲンシュタインがいる。以下では、彼の見解を紹介しながら、「饒舌の科学・沈黙の宗教」というテーマについて考えてみたい。

沈黙の宗教

人間が他の動物とちがうところは「言語を話す」ことだ、とよくいわれる。日常のコミュニケーションも、科学の発達も、芸術作品の創造も、さまざまな伝統の継承も、何から何まで言語のおかげである。人類の文化に言語がどれほど貢献したかは、はかりしれない。けれども、裏返していえば、われわれは何をするにも言語を使わなければならないのである。言語を研究するのにも、言語について何かを語るのにも、言語を使わなければならないのだ。いってみれば、われわれは言語という「牢獄」に閉じ込められている、とも解釈できる。

あるときウィトゲンシュタインは、こうした言語と「絶対的価値」をもつ宗教や倫理——彼は宗教と倫理を明確には区別しない——とについて、次のように話した。

> 私の全傾向、そして私の信じるところでは、およそ倫理とか宗教について書き、あるいは語ろうとしたすべての人の傾向は、言語の限界に向かって進むということでした。

このようにわれわれの〔言語という〕牢獄の壁に向かって走るということは、まったく、そして絶対に望みのないことです。〔宗教や〕倫理学が、人生の究極的意味・絶対的善・絶対的に価値あるものについて、何かを語ろうとする欲求から生じるものである限り、それは科学ではあり得ません。それが語ることは、いかなる意味においても、われわれの知識を増やすものではありません。（「倫理学講話」）

ウィトゲンシュタインの考えでは、われわれは倫理や宗教という絶対的価値をもつものについて語ることができないし、それらは世界のなかに入ってこられない。『論理哲学論考』（法政大学出版局、以下『論考』）でも「世界の中のすべてはあるがままにあり、生起するがままに生起する。世界の内にはいかなる価値も存在しない」などと語っている。

おそらく読者諸氏は疑問をもつだろう。「これは良い椅子だ」とか「彼は優れたランナーだ」とか、われわれは価値に関わる発言をよくするではないか、と。しかし、このような表現が意味をもつのは、それが「相対的価値」しかあらわさないからだ。前者は、座り易さなど、特定のあらかじめ決まった目的に適うことを意味する。後者は、たとえばフルマラソンを二時間七分で走ることを意味するのである。これらの相対的価値をあらわす言葉は、事実をあらわす言葉(=事実文)に書き換えられる。いうまでもなく、科学で使われる言葉もこの事実文である。

けれども、宗教や倫理のような絶対的価値の場合には、そうはいかない。これらは事実文には書き換えられないのだ。「善い人」の場合でも、たんに事実文に書き換えられる行為をするだけでは、本当の意味での「善い人」ではない。

これまでの話をウィトゲンシュタイン自身の言葉で要約すると、彼は「今日、多くの人々が駄弁を弄しているあらゆる事柄について沈黙し、このことにより、倫理(=宗教)的な事柄に確固たる位置をあたえよう」(「書簡」)としたのである。

次に、彼の科学批判に目を転じよう。

饒舌の科学

科学に批判的なウィトゲンシュタインだが、同時に、彼は優秀な科学者・技術者・数学者でもあったことを、まず押さえておかなければならない。哲学を志すようになる前には、先端に噴射口をもつプロペラの研究やジェット燃焼室の設計など、航空工学上の仕事をだいぶしている。また、プロペラの設計をするとき、流体力学や数学のかなりの知識も必要としたと想定されるが、彼はこのときから、数学を経て哲学を志すようになったのである。『数学の基礎』という数学基礎論に関する著作もある。生涯をとおして、彼は優れた科学的・技術的・数学的才能を、さまざまな形で示している。

そのウィトゲンシュタインは、科学に対して次のように語っている。

科学の問題に、私は興味はおぼえるが、本当に心をひかれるということはない。私が心をひかれるのは、概念と感性の問題だけである。科学の問題の解決は、けっきょく、私にとってはどうでもよいことなのだ。概念と感性の問題の解決はちがう。（『反哲学的断章』青土社、以下『断章』）

「概念」の問題は哲学が論じる。「感性」の問題は価値と関係する。科学は、世界の内部で生起する事実を取り扱うだけである。これでは人生の問題に解決はもたらされない。人生の問題は価値と密接に関わるからだ。「生の謎の解決は時間・空間のかなたに求められる」(『論考』)のである。人間が生きること、そのことをめぐって思索を展開させたウィトゲンシュタインは、科学には満足がいかなかったのである。だからこそ、科学や技術に批判的になるのだ。

ウィトゲンシュタインは科学者を非難していう。

科学者がとる態度は奇妙きわまりない。「それはまだ私たちには分かりません。けれども、それは分かるはずです。要するに、時間の問題なのです。いずれそれが分かるようになるでしょう」という訳だ。まるで、それが自明のことでもあるかのように!

(『断章』)

さらに、科学および技術や産業に対して、批判的な見解を述べている二つの言葉を紹介しよう。ともに一九四七年のものである。同意するにせよしないにせよ、半世紀以上たった現代においても傾聴に値しよう。

「科学と技術の時代は人類の終わりのはじまりである。大いなる進歩という理念は、真理の究極的認識という理念とおなじく、のぼせあがった理念である。科学的な認識には良いもの・望ましいものはどこにもない。科学的認識をきゅうきゅうと追求する人類は罠にはまる」。そうではないとは、どこから眺めても言い切れないのだ。（同書）

科学・産業は、かぎりなく嘆いたのちに、そしてかぎりなく嘆きながら、世界を統一するのではないだろうか。世界を一つのもの――つまり平和がいちばん顔を見せそうにない世界――にするのではないだろうか。というのも、科学・産業こそが戦争を決定するのだから。あるいは、決定するように思われるのだから。（同書）

ウィトゲンシュタインは一九一八年に完成させた『論考』のなかで、言語と世界について徹底的に考え抜いた。言語を手がかりとして、科学や学問が扱える範囲、すなわち論理・理性・合理性などが及びうる範囲を明確にしたのである。それと同時に、それらでは割り切れないものを「語りえないもの」と呼び、「語りえないものについては沈黙しなければならない」という不思議な響きをもつ言葉で、この著作を閉じた。そして、彼はこの「語りえないもの」を、このうえなく重要なものだと見なした。それは先の「書簡」からもうかがい知れる。

科学と沈黙の世界

ウィトゲンシュタインは「言い表せないもの（私にとって秘められていると思われ、表現できないもの）が、おそらく、私の語ることに意味をあたえてくれる背景となっているのだ」（『断章』）と書きつけている。これと関連して、先の「語りえないものについては沈黙しなければならない」という彼の言葉こそを、現代に生きるわれわれは深く味わうことが必要ではないだろうか。

沈黙は決して消極的なものではない。沈黙とはたんに「語らないこと」ではない。ピカートも述べているように、沈黙は「一つの積極的なもの、一つの充実した世界として独立自存しているもの」(『沈黙の世界』みすず書房)なのである。沈黙の世界／語りえないものの世界は、広大で深遠な世界である。

先では、ウィトゲンシュタインの見解を紹介しながら、科学に対して批判的なことばかりを述べた。最後に彼の見解から離れて、科学のあり方と、沈黙の世界／語りえないものの世界とについて考えてみよう。

実は、アインシュタインのような天才科学者たちは、ウィトゲンシュタインがこのうえなく大切なものだと思っている「語りえないもの」の世界に対する、鋭敏な感受性を持っていたのではないか。物理学者のパウリは「アインシュタインがあんなにしばしば呼びかける神は、変えることのできない自然法則とどこかで関係している。……彼にとっては科学と宗教のあいだの分離は存在しない」(ハイゼンベルク『部分と全体』みすず書房)と述べている。

秀でた科学者というものは、語りえないものの世界から深いインスピレーションを得たとき、それを言語や数式などで表現することにより、つまり雄弁・饒舌になることにより、後世に残る仕事ができるのではないだろうか。もしそうだとすれば、科学者も語りえないものの世界／沈黙の世界に耳を澄ますことによって、より良い成果を得られることになる。

さらに、科学者だけではなく、われわれ自身が沈黙の世界／語りえないものの世界に耳を傾けようとすることが、結局、科学や技術がわれわれをより幸せにしてくれることに繋がるのではないだろうか。なぜなら、そうすることにより、科学や技術が誤った方向に進んでいるとき、われわれはそれに敏感に気づくことができると思われるからである。とりわけ、世界的に社会が急速に複雑化しつつあるうえに、喧騒・騒音・不快音のさなかで暮らしている現代のわれわれは、歩むべき方向を見失っているようにも見える。だからこそ、沈黙の世界／語りえないものの世界に耳を澄ますことが必要ではないか。

悪の存在と「神の正義」

神はなぜ悪を黙認するのか

これまで、さまざまな批判がキリスト教に浴びせられて来ている。そのなかでも、神学的・哲学的にもっとも重要なのは、「悪」の問題と関係するものであろう。平たく言えば、「もし神が全能でありかつ人間を愛するのであれば、どうして神は悪（天災・犯罪・戦争・貧困など）が蔓延しているこんな世界を創造したのか」という疑問である。この問題にたいする考え方の枠組みはすでにエピクロスに見られ、ヒュームが語らせているフィロ（『自然宗教に関する対話』）や現代のマッキーは、この疑問をキリスト教を信じないための根拠としている。アウグスティヌスやライプニッツたち有神論者は、多種多様な論法で「神には悪を黙認する理由がある」と主張している。しかし、有神論者の主張のどれもがそれぞれに問題をはらんでいる、と言ってよいであろう。

けれども、著名な宗教哲学者・論理学者であるプランティンガによれば、悪の存在をうまく説明できないという事実だけでは、論理的に言って「〈神には悪を黙認する理由がある〉と考えることが、誤っているとか非合理である」ということにはならない。以下では、彼の『神と自由と悪と』(勁草書房)の第一部A「悪の問題」に見られる議論を簡約化して、紹介したい。なぜなら、彼の議論は古くからの問題を「可能世界論」という新しい視点——残念ながら、本節ではその一部にふれることしかできない——に立って解いているからだ。

プランティンガの議論

まず、三つの命題を並べてみよう。

①神は存在する。

②神は全知・全能・全善である(「全善」は人間を愛することもふくむ)。

③悪が存在する。

これらの命題が一つの集合（これを集合Aとよぼう）を構成していると見なす。そうすると、常識的に考えれば「集合Aには矛盾がある」ということになる。つまり、先に述べたことを繰り返すことになるけれども、神が全知・全能・全善だとすれば、悪など存在しないだろう、神は悪など存在しない世界を創造しただろう、ということになるのだ。悪が存在するとすれば、神は全能でないか全善でないかのいずれか（もしくは両者）だということになる。これが、悪の存在を論拠とする、現実世界における悪の存在を見据えた、無神論者の主張である。けれども、プランティンガは集合Aは矛盾しないこと（その可能性）を示そうとする。彼は、矛盾には「明白に矛盾する」もの、「形式的に矛盾する」もの、「潜在的に矛盾する」ものという三種類の矛盾があるけれども、「集合Aはそれらのいずれでもない」と主張する。

プランティンガにとって、集合Aが無矛盾であることを示すためには、②と③が整合的であることを論証しなければならない。これを論証するには、②と整合的であり、かつ②と一緒になって③を含意する命題ないしは複数の命題の連言を見出せばよい。ちょうどうまくいく命題は、次の命題④である。

④神は悪をふくむ世界を創造し、かつ、そうすることには充分な理由がある。

ここで、以下の二つの命題からなる集合Bを考えてみよう。

②神は全知・全能・全善である。

④神は悪をふくむ世界を創造し、かつ、そうすることには充分な理由がある。

もしこの集合が整合的であるとすれば、集合Aも整合的である、ということになろう。そこで問題は、どのようにしたら集合Bが整合的であることを論証できるか、ということになる。そのためには、②と整合的であり、かつ②と結びつくことによって④を含意する命題ないしは複数の命題の連言を捜し出せばよい。この要求をみたすのは、次の命題⑤である。

⑤存在する悪はすべて道徳上の悪であり、かつ、道徳上の善はふくむが道徳上の悪はふくまない世界を創造することは神の力がおよぶ範囲内にはなかった。

⑤を受け入れ可能にするための条件は、次の二つを正当なものとすることである。

（a）存在するすべての悪は道徳上の悪であること（ないしはその可能性）。

（b）たとえ全能の神であっても創造できない世界があること（ないしはその可能性）。

（a）について。プランティンガは、悪を自然の悪（自然がひきおこす悪）と道徳上の悪（人間がひきおこす悪）とに分類し、従来の形而上学的悪についてはこれを不問に付す。そして、アウグスティヌスの議論を踏まえ、サタンやその仲間がいわゆる自然の悪をもたらした可能性を強調する。つまり、自然の悪といえども、人格的存在者――サタンとその仲間はそのなかに包含される――が引き起こしたものに還元してしまうのだ。「自然の悪の生起を説明するために、サタンとその仲間という非自然的な原因を要請するのは合理的でない」というプランティンガへの反論にたいして、彼は「その主張からは、そのような行為者・人格的存在者の存在にたいする反証があることが〔論理的に〕帰結するのではない」と応戦する。

（b）について。プランティンガは彼が言うところの「ライプニッツの誤謬」を指摘し、神がたとえ全能であっても創造しえない世界があることを論じる。一般的にいわれるところでは、ライプニッツの見解は以下のようなものである。

ⓐ現実世界は、神の心に存在していた無数の可能世界のうちの一つでしかない。

ⓑ神は、こうした可能世界のうちの一つを現実のものとすることによって、われわれが生きているこの世界を現実のものとした。

ⓒこの現実世界は、たとえ悪をふくんでいようとも、無数の可能世界のうちでもっとも優れたものである。なぜなら、神がおこなった選択は、すべての可能世界のうちで最善のものを選ぶ選択だからである。

こうした考え方の根底には「神は自分の望む世界であればいかなるものでも創造することができる」という前提がある。しかし、プランティンガに言わせれば、これは間違い（ライプニッツの誤謬）なのだ。可能世界論の視点から言えば、「いかなる道徳上の悪をもふくまずに道徳上の善のみをふくんだ多数の可能世界が存在する」と考えることには何らの問題もない。しかし、こうした世界を神が創造できるかと言えば、答えは「否」である。その理由は、およそ以下のようになる。

プランティンガが「神の全能」と言うとき、これには「論理が関わること以外の」という制限がつく。それゆえ、神は論理的に不可能な事態を引き起こすことや、必然的に偽である命題を真にすることはできないのである。また、プランティンガは「自由意志をもつ人間は、あらゆる可能世界で少なくとも一つの過ち（悪）を犯す」とでも要約しうるような「貫世界的堕落」という概念を導入する。そして、この概念によりながら、「神が道徳上の善を生じさせる世界を創造するための代償は、道徳上の悪をふくむ世界を創造することである」と主張するにいたる。これらの議論から、神といえども「いかなる道徳上の悪をもふくまずに道徳上の善のみをふくんだ世界」は創造できないことが導かれるのだ。

①と⑤と集合Bに、新たに命題⑥「神は道徳上の善をふくむ世界を創造した」をつけ加えてみよう。そして、これを集合Cとしよう。これまでの議論から、以下の集合Cは矛盾のないものである。

①神は存在する。
②神は全知・全能・全善である。
⑤存在する悪はすべて道徳上の悪であり、かつ、道徳上の善はふくむが道徳上の悪はふくまない世界を創造することは神の力がおよぶ範囲内にはなかった。
④神は悪をふくむ世界を創造し、かつ、そうすることには充分な理由がある。〔⑤より〕
⑥神は道徳上の善をふくむ世界を創造した。

ここで言えることは、集合Cは③「悪が存在する」を含意する、ということである。なぜなら、⑤と⑥の連言は③を含意するからである。そうすると、集合Aは矛盾をふくまないのである。それゆえ、「集合Aには矛盾がふくまれている」ことを論拠にしてなされるキリスト教批判は論駁されたことになる。

ここで、注意すべき点が二つある。すなわち、プランティンガによれば、⑤は「真であることが知られている必要はないし、また証拠によってもっともらしいとか、そういった類のことが知られている必要はない」という点。および「必要なのは⑤が②と整合的な関係にあることのみである」という点である。ここに、可能世界論の立場をとる彼の姿を垣間見ることができよう。

『神と自由と悪と』におけるプランティンガの結論は、彼の議論は「有神論の合理的受容可能性を立証している」というものである。そして、以上で紹介した論証は、この結論を支持するための幾つかの論証のうちの一つである。しかしながら、彼の議論・論証は、非キリスト教信者を説得してキリスト教信者にさせるものではない。その理由は、自分自身でも述べているように、彼の議論・論証は、あくまでも、神への信仰をもつ者を護ること――神への信仰は非合理的なもの／理性に反するものではないことを論証すること――を狙いとするものだからである。

キリスト教以外への応用可能性

命題④や命題⑤を見出すことについて述べた。これらは、挿入することによって、矛盾をふくむと考えられる集合を明らかに矛盾のないものにする働きをもつ。キリスト教に対していかなる批判がでてきても、おそらく、プランティンガはこれに類する命題ないしは複数の命題の連言を考え出し、その都度キリスト教の可能性としての無矛盾性を主張できるのである。だとすれば、無神論者がいかに論理的に神への信仰を論駁しようとしても、必ず彼はそれに対抗できる論証を構成することができ、無神論者の批判に屈することはないであろう。

プランティンガの議論の仕方は、キリスト教のみならず、仏教や新宗教などにも応用できると思われる。したがって、ある宗教において、複数の重要な命題間に矛盾があると一見考えられる場合でも、補助的命題の導入によって整合的に解釈しうるのだから、宗教を評価する場合、そのような可能性をつねに心にとめておくべきであろう。

付記――「日本科学哲学会」という学会がある。この学会が発行する『科学哲学』（第二九号）誌上で、論理学者の重永哲也氏が『神と自由と悪と』におけるプランティンガの護教的論議を詳細に検討している。その判定結果は「評者としては本書に対してひとまず肯定的な評価を下しておきたい」というものである。

「語りえないもの」と「否定神学」

卓抜な論理学者・哲学者であり、かつカトリックのドミニコ会の聖職者でもあるボヘンスキーは、一九六五年に『宗教の論理学』(『宗教の論理』ヨルダン社)を著した。この著作で彼が念頭においている宗教は、仏教・ヒンドゥー教・イスラム教・ユダヤ教・キリスト教の正統派であるが、彼はあらゆる宗教に応用できる論理学、つまり応用論理学の一形態としての「宗教の論理学」を構想している。この著作にはじつに多くの啓発的な提言が見られるのだが、本節では、ボヘンスキーが「語りえないもの説」とよぶものと「否定神学」とをめぐる議論について考えてみたい。

「語りえないもの説」について

洋の東西を問わず、古くから「宗教的言説にはまったく意味がない」とみなす人々は、この見解をしばしば「宗教の対象は語りえない」と表現してきた。「宗教の対象」とは、たとえばキリスト教の神である。ボヘンスキーはこうした学説を「語りえないもの説」とよぶ。

この説は、これまで、よく「矛盾している」と言われてきた。一例をあげれば、この説は「宗教の対象については何も述べることはできない」と主張するけれども、そう言うこと自体が宗教の対象について何事かを述べているのだから、この説は矛盾をふくんでいる、というわけだ。

しかしながら、事態はこれよりもさらに複雑である。ボヘンスキーは以下の（A）と（B）の二つの事柄について論じている。彼の主張を先取りして紹介しておくと、「論理学的にはこの説に矛盾はないけれども、現実に即していないので放棄すべきである」というものである。

（A）語りえないもの説は明白な矛盾をふくんでいない。

（B）しかしながら、それは宗教的言説の要求を満たさない。

（A）語りえないもの説は明白な矛盾をふくんでいない

ボヘンスキーの第一の主張は「論理学において普通に受け入れられている規約に固執するとしても、〔語りえないもの説には〕不整合は出てこない」というものである。まず、彼は次の定式を考える。

①「lという言語においてxは語りえない対象である」というような対象xと言語lとが存在する。

これは明らかに真であろう。なぜなら、そのような対象xと言語lとを見いだすことは簡単だからである。牛とチェスの言語がその一例である。チェスの言語では牛は語りえないものであることは、まったく明らかである。つまり、チェスの言語で牛については何も言うことができないのだ。

さらに、ボヘンスキーは、右の定式を次のように普遍化して吟味をおこなう。

②oはどんな言語によっても語りえないような対象である。〔ここで、記号〝o〟は

宗教の対象をあらわす。」

これは①よりも容易ならぬ事態である。①の場合には、チェスの言語で牛について語れなくとも、生物学や動物学の言語では語れるのである。けれども、②は「oはどんな言語によっても語りえない」と主張している。ボヘンスキーは「これは矛盾に帰着するように思われる」と述べる。その理由は明記されていないけれども、おそらく以下のように推測できる。

「〃o〃は定項である」と記されているが、ボヘンスキーのいう「定項」とは「その意味が体系Sにおいて確定しているとみなされる表現」（『記号論理学の綱要』勁草書房）のことである。たとえば、「ナポレオン一世」「東京」などである。ここで注意すべき点は、定項の定義にさいしては「体系Sにおいて」が付け加えられなければならない、という点である。なぜなら、「ある任意の体系において（たとえば生物学の言語において）定項である表現は、ほかの体系においては定項である必要はない」からだ。そうだとすれば、右の「矛盾に帰着する」とは、②は「宗教的言説の言語で語れなくとも、ほかの言語で語れる可能性がある」ということと不整合だ、ということになろう。

ボヘンスキーの基本的な立場は、「対象言語とメタ言語を区別すれば、この矛盾を回避できる」というものである。

そこで、その対象言語とメタ言語について述べよう。言語はすべて一様に言語外の事物について語っているとは限らない。ある言語について言語で語ることもできるのだ。たとえば、「"flower"は花である」と言うときには、「花」という対象について述べているのではなく、それにたいする記号である英語の語について日本語で述べているのだ。こうした事情をもう少し敷衍しておこう。

まず、（a）花なら花という言語化される以前の対象がある。次に、（b）その対象を指示する「花」という対象語があり、「花が咲いている」という対象言語で書かれた文がある。さらに、（c）「〈花が咲いている〉は日本語で書かれている」とか「〈花が咲いている〉という文（判断）は正しい」というメタ言語で書かれた文がある。すなわち、「花が咲いている」という対象言語の文にたいして、これについて何事かを述べる、レベルを異にする言語があるのだ。ここで重要なのは、（b）の対象言語のレベルと（c）のメタ言語のレベルを混同しない、ということである。

以上をふまえれば、ボヘンスキーの以下の主張も理解できるだろう。彼にしたがえば、「言語のクラスについて何かを主張する論理式は、それらの言語のどれによっても定式化できない」という規約を認めておくのが安全である。言い換えれば、そうした論理式は、それが言及する対象言語ではなく、メタ言語によって定式化されなければならないのだ。

ボヘンスキーは〝o〟を宗教の対象と見なしているのだが、②で言及されているあらゆる言語のクラスを対象言語のクラスと見なすと、②そのものはメタ言語で述べられていることになる。そうだとすれば、それは有意味であり、いかなる点においても不整合はない。もしそうであれば、語りえないもの説は明白な不整合をまったくふくんでいないことになる。一般論理学の視点からは、この説にたいする反論はできない。

（B）語りえないもの説は宗教的言説の要求を満たさない

しかしながら、応用論理学の一形態である「宗教の論理学」の視点から、語りえないものの説を吟味すれば、事態は変わってくる。宗教的言説の論議領界の内部で「②は矛盾をふくまないのかどうか」という問いに対して、ボヘンスキーは「②は矛盾をふくむ」と答える。これが第二の主張であり、その論証は以下のようになる。

まず、ボヘンスキーは②がもたらす帰結はどのようなものかを考察する。もし②で言及された諸言語のクラスをあらゆる対象言語のクラスと見なせば、「②は対象言語で語りうる属性を宗教の対象に属させることを排除する」（傍点引用者）ことになるという。つまり、②によれば、「宗教の対象に属させうる唯一の属性は、それらの諸言語のどれにおいても語りえない、というメタ言語の属性〔メタ言語でしか語りえない属性〕である」というわけだ。

さらに、語りえないもの説によれば、宗教の対象は「いかなる言語においても語りえないような唯一の対象」（宗教の対象が「唯一」的なものであるとするのは、彼がキリスト教の神をイメージしているからであろうか……）と定式化される。そして、この説にしたがえば、これ以外に宗教の対象を記述することはできない。しかしながら、これが意味するのは「信者は、対象言語で語りうる属性を宗教の対象に帰属させる命題は受け入れないし、受け入れられない」ということである。つまり、これは、信者が宗教の対象について容認するのは「それは語りえない」ことのみである、ということだ。

ボヘンスキーはこの点をするどく衝いて、「現実の宗教的言説と矛盾するのはまさにこの帰結である」と論じる。これは、宗教的言説の命題的要素を問題とする場合には直接にあらわれ、非命題的要素の場合には間接的にあらわれる。

命題的要素の場合。（a）宗教の対象は少なくともいくつかの対象言語で語りうる属性をもっている。たとえば、キリスト教においては「神はこの世の創造者である」と言われている。これは明らかに、対象言語で語りうる神の属性であって、メタ言語で語られる神の属性ではない。（b）さらに、宗教の対象はこの種の属性のうちで異なったもののいくつかをつねにもっている。たとえば、カトリックの信条では「神はこの世を創造した」「神は三つの位格において一つである」と言われる。これら二つの属性がまさに同一の属性だと考えるのは、まったく不可能だろう。以上から帰結することは、「宗教の対象に帰せられる、対象言語で語りうる属性のクラスが宗教的言説において存在する」ということである。宗教的言説において、対象言語で語りうる諸属性を、宗教の対象はもっているのだ。

非命題的要素の場合。この場合には、対象言語で語りうる属性があきらかに想定されている。たとえば、キリスト教の祈りの要素である、賛美や崇拝などの慣用句の使用者は「慣用句が語っている対象（つまり神）が高い価値をもっている」ことを当然視している。ところで、ある対象に価値を帰属させることができるのは、「少なくとも一つの事実的な、対象言語で語りうる属性が、その対象に属していることが想定されている」という条件の下でのみである。「それについては何も語りえない」と考える用意しかないような存在者を賛美をしたり崇拝すること、高く評価することは、不可能であろう。

以上のような議論の帰結として、ボヘンスキーは「語りえないもの説は破棄すべきである」と結論づける。

否定神学について

前項で述べた「語りえないもの説」と否定神学には密接な関係があり、一見よく似ているように感じられよう。しかしボヘンスキーによれば、否定神学は語りえないもの説とは違う。彼のいう否定神学は、語りえないもののように、「宗教的言説はなにも意味しない」とは主張しない。これは「宗教的言説はなにかを意味してはいるのだが、その意味しているものはなんであれ、まったく否定的なものである」と主張するのだ。

語りえないもの説と同様に、否定神学も批判にさらされている。ボヘンスキーは三つの例をあげる。

①「xは白くない」ことを意味している一つの表現があるとする。もしこの表現が宗教の対象に適用されたとき、白くないことの否定を意味していると想定されるならば、それは宗教の対象は白いことを意味する。そして、宗教の対象はまったく肯定的な属性を得ることになってしまう。

②もし否定神学の主張が「宗教の対象について述べられることはいずれも、その述べられたことの否定を意味する」というのであれば、矛盾が必然的にともなう。というのは、少なくとも二重否定の原理を容認するならば、宗教の対象に「白くないという属性」（白いという属性の否定）と、「白くないことはないという属性」（白くないという属性の否定）つまり「白いという属性」とを、帰属させなければならないか

らである。

③もし否定神学の理論の範囲を肯定的な属性のクラスに限定しようとするならば、それらの諸属性を定義しなければならない。しかし、肯定的な属性を定義することは難しい。そして、それらの属性の満足のいく説明はいまだに知られていない。

否定神学にたいして、ボヘンスキーは以下の（C）（D）二つの事柄について論じている。否定神学にたいする彼の主張を先取りして紹介しておくと、「語りえないもの説」の場合とおなじく、「論理学的にはこの説は矛盾をふくまないが、現実に即していないので放棄すべきである」というものである。

（C）否定神学は明白な矛盾をふくんでいない。

（D）しかしながら、否定神学は宗教的言説の要求を満たさない。

（C）否定神学は明白な矛盾をふくんでいない

否定神学の理論に精確さをあたえようとするならば、肯定的属性とは何かを定義しなければならないだろう。そこで、ボヘンスキーは次のようにこれを定義する。

①直接に知覚される属性は肯定的な属性である。

②肯定的な属性をあらわす記号と、肯定的論理学〔否定記号を使用しない論理学〕の語のみをふくんだ論理式で定義した属性は、肯定的な属性である。

さきに「それらの〔肯定的属性の〕満足のいく説明はいまだに知られていない」と述べられていたように、ボヘンスキー自身による右の定義も問題をはらんでいる。まず、①に関連して「直接に知覚される肯定的属性とは何か」という疑問が出てくる。肯定的属性には、赤い・大きい・長いといった具体的なものからはじまって、人間を愛するとか全知全能、さらに完全・絶対・永遠といった抽象的なことまで考えられる。これらの例のすべてが「肯定的属性」と考えられよう。しかし、そうだとすれば、たとえば完全性・絶対性・永遠性・全知全能性といった神の重要な属性は「直接に知覚される」のだろうか、という疑念が出てくる。信者は神がそうした属性をもっていると信じてはいても〔あるいは頭では理解していても〕、それらを直接に知覚することはできないだろう。そうだとすれば、この定義は宗教の本質的な部分との関連ではあまりにも狭すぎる、ということになる。

この点について、ボヘンスキーの説明も歯切れが悪い。この定義は、肯定的な属性のクラスを、否定神学の支持者が意味しているものをはるかに超えて厳しく限定しすぎるために、「あまり満足のいくものではない」と述べているのみである。彼の肯定的属性をめぐる定義に問題があるとしても、一応この肯定的属性の定義を認めたうえで、さらに彼の議論を追ってみよう。

ボヘンスキーは、否定神学者は以下のような仮説を支持するだろう、と語っている。〝ｔ〟という語を任意の世俗的言説で使用される語だとすると、「ｔによって意味されているものは宗教の対象には適用できない」と主張できる。そこで、「ｔは世俗的言説においてφという意味で使用されている語である」とすれば、次の結果を得る。

③すべてのｔについて、もしｔが世俗的言説においてφという意味で用いられておりしかもそのφが肯定的な属性であるとすれば、宗教の対象はφという属性をもたない。

これは、ひらたく言えば、宗教の対象はあれやこれやの肯定的な属性をもってはいない、と述べているのである。つまり、宗教の対象は世俗的言説の語によって表現されるいかなる肯定的な属性ももっていないのだ。

すこし補足しておくと、「右の定式で、なぜtという世俗的言説が必要なのか」と問いたくもなろう。ボヘンスキーがこう述べる理由の一つは、ふかいところで、彼の言語観とかかわっている。彼は「信者たちが宗教の対象について語るときに使う宗教的言説は、それ自体が世俗的言説であるような語や、そのような語によって定義された語によって、もっぱら構成されている」と考えているのだ。

いずれにせよ、ボヘンスキーの主張によれば、③のように定式化すると、語りえないもの説とおなじく、否定神学は直接的にはいかなる不整合も含意しない。というのは、③は宗教の対象に、純粋に否定的な属性だけを帰属させているからである。あるいは、宗教の対象に、少なくとも肯定的な属性は帰属させていないからである。

(D) 否定神学は宗教的言説の要求を満たさない

さらにすすんで、ボヘンスキーは宗教の対象を次のように定式化する。

④すべてのｔについて、もしｔが世俗的言説においてφという意味で用いられており、しかもそのφが肯定的な属性であるとすれば、φという属性をもたないような唯一のｘ。

このように定式化したあとで、ボヘンスキーは重要な主張をする。

これは、語りえないもの説でおこることと対照的に、〈メタ言語の語がこの記述で使用されているという事実にもかかわらず〉メタ言語的な属性ではない。第二水準の対象言語の属性〈第二水準の対象言語の語で表現されるような属性〉である。今度もまた、語りえないもの説でおこることと似て、「第一水準のあらゆる対象言語の属性が宗教的言説によって宗教の対象に帰属させられることはない」と言われている。

しかしながら、この引用部分はひじょうに重要な指摘であるにもかかわらず、ボヘンスキーは「第二水準の対象言語の属性」と「第一水準の対象言語の属性」という言葉の説明をしてくれてはいない。けれども、次のことは推察できる。右の主張をきわめて限定的な主張だとみなせば、彼は「信者が宗教の対象に帰属させることができる属性は、第一水準の対象言語で表現されるものだけである」と考えている、と解釈できる。また、もうすこし限定をゆるめれば、ボヘンスキーは「信者が宗教の対象に帰属させることができる属性として、第一水準の対象言語の属性は当然あげなければならないが、必ずしも第二水準の対象言語の属性も排除しない」と考えている、と解釈できる。いずれの場合でも、「現実の信者たちは、第一水準の対象言語の属性を、宗教の対象に帰属させることができなければならない」とボヘンスキーがみなしていることだけは間違いない。

このことを踏まえて、定式④とボヘンスキーの主張とを見るとすれば、語りえないもの説のところで見られた反論と同様の反論が、否定神学にたいしてもなされることになる。すなわち、「否定神学の理論は、一般論理学の枠組みでは不整合ではないとしても、全体としての宗教的言説とは不整合である」ということになるのだ。

なぜならば、宗教的言説を使用する人々は、宗教の対象に第一水準の対象言語の属性を帰属させ、さらにその属性のうちのいくつかを宗教的言説の命題的部分において宗教の対象に帰属させるのは、明らかだからである。くわえて、さきにも見たように、宗教的言説の非命題的な要素（神を崇拝・賛美したりする慣用句など）については、宗教的言説を使用する人々が第一水準の対象言語で記述される属性を宗教の対象に帰属させているのは明白であろう。人は、いかなる肯定的な属性も帰属させられない存在者を、崇拝したり賛美したりすることはできないのだ。

それゆえ、語りえないもの説の場合と同様に、ボヘンスキーは「ここで定式化されたような否定神学の理論は放棄すべきである」と結論する。

これまで、ボヘンスキーの議論に批判的なことも述べてきたが、本節での議論は、もはや「語りえないもの説」とか「否定神学」といった限定されたテーマとして扱いうるものではない。論理学や言語哲学の諸成果をふまえてわれわれの言説全体を吟味し、「宗教の論理学をどのように体系化すればよいのか」というさらに大きな枠組みのなかで、「語りえないもの説」や「否定神学」を検討しなければならないのだ。そして、この壮大なテーマこそ『宗教の論理学』の本領なのである。われわれが「宗教と論理」とか「宗教の論理」といったテーマに取り組もうとするならば、ボヘンスキーの『宗教の論理学』における啓発的な議論を無視することは決してできないだろう。

付記1――ボヘンスキーの「語りえないもの説」「否定神学」についての見解と、本書で頻出するウイトゲンシュタインの『論理哲学論考』における「語りえないもの」とを付き合わせて考察することは、非常に、有意義な研究となろう。また、「神とか、宗教の奥義とか、宗教体験といったものは、言語では語れない」と安易に述べる前に、言語とそれらの関係について深く考えるべきであろう。

付記2――ボヘンスキーの「メタ言語」「否定神学」「第二水準の対象言語」などの捉え方をめぐっては、論理学に詳しい読者からは異論がでるかもしれない。しかしながら、本節ではそうした問題に言及する余裕はない。

第4章　宗教は「言語ゲーム」なのか?

「言語ゲーム」としての禅問答

禅のことばに論理学や意味論が切り込んだ研究は、柴野恭堂氏の「禅の論理学」や神川正彦氏の「禅のコトバと一般意味論」などを始めとして、それほど多くはないが、これまでにもある。

論理学や意味論の成果を禅で使用されることばに応用したこのような研究が、禅の立場にたつ方々からどのように評価されるかは、知らない。おそらく、多くの場合はネガティブな評価を下されるのだろう。その理由はいろいろ推測できるけれども、「禅は体験を重んじる」ということを、その根本的な理由としてあげることができよう。

本節では、論理学や意味論ではないけれども、後期ウィトゲンシュタインが言い始めた「言語ゲーム」なる概念を使用しながら、禅問答に迫ってみたい。

ウィトゲンシュタインの「言語ゲーム」

ウィトゲンシュタインの「言語ゲーム」という概念は、非常にわかりにくい概念である。彼は、明確な定義を呈示してそれに忠実にしたがって議論を展開する、というタイプの哲学者でないのがそもそもの原因なのだが、「言語ゲーム」をめぐっては、研究者の間でもいろいろ異見がある。「言語をゲームとして考えることなど、そもそもおかしい」という学者もいる。そうかも知れない。けれども以下では、筆者の視点からウィトゲンシュタインの「言語ゲーム」を解釈しながら、話をすすめていきたい。

まず、言語ゲームは「個々バラバラなものなのか」、それとも「体系だったものなのか」という問題がある。

ウィトゲンシュタインの主著の一つである『哲学探究』（以下『探究』）には、命令する／ある出来事を報告する／ある仮説をたてて検証する／物語を創作して読む／冗談を言う／挨拶する／祈るなど、およそすべての言語使用が言語ゲームだというような記述が見える。つまり、言語ゲームは個々バラバラの言語使用のことである、という印象を受けるわけだ。
しかし、絶筆となった『確実性について』(以下『確実性』)では、「われわれの知識は一つの大きな体系をなしている。個々の知識は、われわれが認める価値をこの体系のなかでのみ有することができる」とか、「われわれが原始人とみなしている人々が神託を仰ぎ、それに従って行動するのは誤りだろうか。これを〈誤り〉と呼ぶとき、われわれは自分たちの言語ゲームを根拠にして、彼らの言語ゲームを攻撃しているのではないか」と論じられている。つまり、言語ゲームを一つの体系だったものとして捉えうる可能性があるわけだ。

個々バラバラの言語ゲームと体系だった言語ゲームとを関連づければ、前者は後者を背景として初めて成立する、というように考えられる。たとえば、キリスト教における「祈り」については、『確実性』にあることばを捩っていえば、次のようにいえるだろう――「祈りは、キリスト教という体系のなかで初めて成立する」「キリスト教とは、祈りの出発点であるよりも、祈りの生きる場である」と。

ところで、ウィトゲンシュタインの右の二つの見解にくわえて、彼の言語ゲーム論を宗教／宗教現象に応用するときに重要なのは、『探究』に見える以下のような言明である。一つは「文法」に関わるもの、もう一つは「生活形式」に関わるものである。

前者としては、「本質は文法のなかで述べられている」「ある対象がいかなる種類のものであるかは、文法が語る。（文法としての神学）」という言明がある。また後者としては、「一つの言語を思い浮かべることは、一つの生活形式を思い浮かべることである」「〈言語ゲーム〉ということばは、言語を話すことはある活動もしくは生活形式の一部であることを、明確に示すことを意図したものである」という言明がある。

「言語ゲーム」という概念は理解しづらいものだし、それと密接な関係があると思われる「文法」や「生活形式」という概念も、把握しにくいものである。事実、世界中のウィトゲンシュタイン研究者がこうした概念の理解に苦労している。

しかし、筆者は、ウィトゲンシュタインのこうした概念を一つひとつ文献学的に調べあげて、それらを精確に理解をしようというわけではない。表題にかかげた「言語ゲームとしての禅問答」が示すように、禅問答を言語ゲームとして捉えることを第一の目的とする。

そこで本節では、仮説的に、言語ゲームを「ある文法によって統制される言語の運用」とでも考えておきたい。

「言語ゲーム」論のキリスト教への応用と、禅問答への応用

ウィトゲンシュタインの「言語ゲーム」は、さまざまな形で宗教をめぐる議論に応用することができる。たとえば、宗教哲学者であり「ウィトゲンシュタイニアン・フィデイスト」（ウィトゲンシュタイン流の信仰主義者）の代表と目されるフィリップスは、体系としての言語ゲームの閉鎖性を重視しながら「キリスト教をその外部から攻撃することは不可能である」旨を主張している。つまり、「科学や無神論というキリスト教以外の言語ゲームはキリスト教を論破・批判できない」「キリスト教の〈真理〉はキリスト教内部でしか見出されない」ということである。彼の見解をさきに見た「文法」と結びつければ、有神論的なキリスト教という言語ゲームと無神論的な言語ゲームとは、異なった「文法」に則ってプレイされているということになる。このように、ウィトゲンシュタインの言語ゲームを護教論的な視点から利用することができる。

けれども、筆者はこうした議論をもう一歩すすめて「キリスト教という言語ゲームとこれ以外の言語ゲームとの〈通約可能性〉や〈対話可能性〉を保持しながらも、キリスト教言語の独自性を温存させること」をこれまで試みてきた（『ウィトゲンシュタインと宗教哲学』ヨルダン社、など）。視点を変えていうと、キリスト教という言語ゲームの独自性はたしかにあるが、そこで使用される言語や概念は日常言語で説明できる点に、この言語ゲームと他の言語ゲームとの接点を見出そうとしてきたのである。たとえば、「神」という概念も、その属性を思い浮かべれば、**概念としては**無神論者にも理解できる。この点をふかく掘り下げれば、異質な二つの言語ゲームを架橋できるのではないか、と考えたわけだ。

しかし、「信仰」というものをいかに捉えるかという問題とからんで、このアプローチには解決困難な面があることを、感じるようになった。そして、その解決の困難さの根底には、究極的に「神と人間とのあいだには絶対的な断絶があり、これを人間が自分の力で乗り越えることはできない」というキリスト教の見解が潜んでいる。

さてそこで、禅問答に言語ゲーム論を応用する場合はどうだろう。これについても、禅に精通している方々からさまざまに痛烈な批判を浴びせられることと思うが、私見を述べさせていただきたい。

先の筆者の試みは、キリスト教の独自性を温存させながらも、キリスト教という言語ゲームとこれ以外の言語ゲームという二つ以上の言語ゲームを橋渡ししようという試みである。だが、禅問答の場合には、一つの言語ゲームの内部で二つの下位の言語ゲームが営まれているのである。信仰のあるなしは問題とはならない。しかしながら、禅問答を行っている禅匠とその弟子のあいだには、「開悟しているか否か」という決定的な相違がある。

いまさら言うのも気はずかしいが、仏教の場合には「一切衆生、悉有仏性」で、一応どんな人間でも悟りを得られることになっている。とすれば、開悟している禅匠と、悟りを求める弟子との間には、乗り越えられない断絶は原理的には存在しない。

この陳腐な点が、禅問答を言語ゲームとして捉えるときには、重要である。以上をふまえて、具体的な禅問答に目を転じよう。

一つの禅問答、二つの言語ゲーム

鈴木大拙の『禅による生活』（春秋社）には、有名なつぎの問答が紹介されている。馬祖が弟子の百丈に、「絶対的現在」の生き生きした内容を教えようとした話である。二人が散歩していたとき、一群の野鴨子（雁）が空を飛んでいくのを見た。そこで、以下のような会話が交わされた。

馬祖「あれは何だ」
百丈「雁です」
馬祖「どこへ飛んで行くのだ」
百丈「みんな行ってしまいました」

馬祖は百丈のほうへ向きなおると、彼の鼻をひねりあげた。百丈は、当然のことながら、思わず悲鳴をあげた。馬祖はすかさず「飛び去ってはおらんわい」と言った。ここで百丈は省悟したとされる。

さきに、言語ゲームを「ある文法によって統制される言語の運用」とでも見なしておきたい、と述べた。そこで、「無分別智の言語ゲーム」と、それに対するものとして「分別智の言語ゲーム」という、二つの言語ゲームを考えてみたい。

馬祖と百丈は二人で一つの言語ゲームを行っているのではない。馬祖は「無分別智の言語ゲーム」を、百丈は「分別智の言語ゲーム」を、それぞれ営んでいるのだ。そして、二人の言語ゲームの背後では、「無分別智の言語ゲームの文法」と「分別智の言語ゲームの文法」が支配しているといえる。さらに、馬祖と百丈の「生活形式」もまったく異なったものである。つまり、馬祖は無分別智の生活形式にのっとって生きているのであり、百丈は分別智の生活形式にのっとって生きているのだ。そして、二人のことばはまったく異質な境界から発せられている。

二人の会話はまったく擦れ違っており、噛み合っていない。このように言えば、当たり前だ、ということになる。しかし、禅問答の面白さは、二つの言語ゲームが擦れ違いながらも、いちおう問答の形式をとって一つの言語ゲームとして成立している点にある。つまり、二つの異質な言語ゲームは、やはり繋がる面もあるのだ。そうでなければ、百丈が馬祖との問答――動作もふくめる――によって省悟するはずがなかろう。この、繋がりと擦れ違いとの関係をいかに把握するかが、第三者の立場から禅問答を見る筆者にとっては、興味のある問題である。

二つの言語ゲームから一つの言語ゲームへ

馬祖と百丈の問答はこれで終わるのではない。この問答は、さらに、以下のように続けられている。

翌日、馬祖が大衆に説法するために壇上にあがったとき、百丈は進み出て、拝蓆（はいせき）（弟子が師にお辞儀をするために師の前にひろげている敷物）を巻きはじめた。拝蓆を巻くことは、ふつう上堂の時間が終わったことを意味する。馬祖は席から降りて自分の部屋へひきさがって行った。馬祖が百丈を呼んで、次のようなやりとりがあった。

馬祖「わしが一語も発しなかったのに、なぜお前は蓆を巻いたのだ」

百丈「昨日、和尚は私の鼻をいやっというほどひねられたので、痛くてたまりませんでした」

馬祖「昨日、お前の心はどこをうろついていたのだ」

百丈「今日はもう鼻は痛くありません」

馬祖「なるほど、お前は〈今日〉の事をふかく知ったわい」

馬祖に鼻をねじあげられて省悟したとされる百丈は、「絶対的現在」つまり「今日」のことを体得した。この瞬間に、彼は、無分別智の言語ゲームを営むことが可能になったのだ。そしてこの時点で、二つの言語ゲームは一つの言語ゲームに収斂しはじめる。

百丈の「〔雁は〕みんな行ってしまいました」というのは時間の推移を表現する分別智の言語ゲームにおけることばであり、「絶対的な現在」を体得していないときに発せられたことばである。だが、「今日はもう鼻は痛くありません」というのは、これを体得した彼が発した無分別智の言語ゲームにおけることばである。馬祖の「なるほど、お前は〈今日〉の事をふかく知ったわい」ということばで、それが確認されるわけである。ここにきて、馬祖も百丈が無分別智の言語ゲームを営んでいることを明確に認知し、めでたく二つの言語ゲームが一つの言語ゲームとなるのである。

ここでは着想しか述べなかったけれども、筆者はこのごろ、禅問答や公案を「言語ゲーム」として捉えることはできないか、と考えている。

そのさいにはやはり、「無分別智の言語ゲームを成立せしめる基盤となる、無分別智の生活形式とは何か」「無分別智の言語ゲームを統制する文法とは何か」を、明らかにしなければならない。これが極めて困難なことは承知している。しかし、ここに述べた着想をいつかは形にしてみたいと思っている。そのさい、もっとも興味がひかれるのは、さきに述べたように、「二つの言語ゲームは擦れ違いながらもどこかで繋がっている」という逆説である。このメカニズムを明らかにするのは不可能に近いと感じているが、筆者にとっては悪足掻きしてみたい言語現象である。

付記――本節の原稿を書いたあと、筆者は『禅と言語ゲーム』（法藏館、一九九三年）と『言語ゲームとしての宗教』（勁草書房、一九九七年）という二冊の著書を上梓した。また、『ウィトゲンシュタインと宗教哲学』の時期から続いている思索は、本書の最後の二つの章で論じられている「宗教間対話」論へとつながっていった。しかしながら、「無分別智の生活形式」「無分別智の言語ゲームを統制する文法」を明確化する作業は進んでいない。

（仮想討論）宗教は「言語ゲーム」なのか？

【パネリスト】哲学者／宗教哲学者／宗教学者／神学者

司会　きょうは、お忙しいところをお集まりいただき、ありがとうございます。去年（二〇〇三年）の八月末に、デイヴィドソンが亡くなったそうですね。哲学の巨星がまたひとつ墜ちました。彼が「概念枠」を否定した「概念枠という観念そのものについて」という論文は、破壊的で、ものすごく面白かった。

哲学者　まことに残念です。ところで、私は宗教学や宗教哲学が専門ではないのですが、宗教をその「概念枠／概念体系」として捉え、「言語ゲーム」だとする宗教学者がいますよね。率直にいって、この「宗教言語ゲーム論」は間違いです。さらに、ウィトゲンシュタインを「宗教者ウィトゲンシュタイン」〔星川の著作のタイトル〕というように「求道者」

と捉える見方も、あまりにも彼を美化しすぎていて、誤りです。それは、彼が小学校教師をしていたときのまわりの人々の証言を読めば、一目瞭然です。むしろ「俗物」である。

宗教学者　そう断言できるでしょうかね？　たしかに、ウィトゲンシュタインには俗物的な側面はあったでしょう。しかし、だからといって、それだけで彼の人格のすべての側面を「俗物」と一括して一刀のもとに切り捨てるのは、いかがでしょうか。私は彼を、日々宗教的な精進をめざす、いわゆる「求道者」としては捉えるつもりは毛頭ない。それでも、彼が「ホモ・レリギオースス」（宗教的人間）であったことは、異論の余地がない、と考えています。これは、鬼界彰夫氏の『ウィトゲンシュタインはこう考えた』（講談社）の内容（とりわけ第二部と第三部）から判断しても、間違いのないところだと思います。さらに、ウィトゲンシュタインの死後四二年たって発見された『哲学宗教日記』（講談社）にも、彼の宗教的側面が如実に出ています。

鬼才デレク・ジャーマンが監督した映画「ウィトゲンシュタイン」でも、第一次世界大戦に参戦し、機関銃を撃ちながら、神をめぐっていろいろと彼が叫ぶシーンがある。たとえば「私はすべてを宗教的観点から見ずにはいられない！」と。これは彼自身が書き残した言葉です。また、弟子のマルコムもこの言葉を重視しています。

司会　「ある人間が宗教的か否か」というのは、議論しても平行線をたどるだけですよ。それよりも「宗教言語ゲーム論」について議論しませんか？　早いもので、わが国で宗教言語ゲーム論が唱えられ始めてから、今年でちょうど一五年です。

宗教哲学者　私は、ウィトゲンシュタイニアン・フィデイズム（ウィトゲンシュタイン流の信仰主義＝フィデイズム）や宗教言語ゲーム論については、否定的です。ふたつ理由がありますが、まずウィトゲンシュタインの「言語ゲーム」解釈です。彼の研究者は、「言語ゲーム」の理解として、「宗教」という概念体系を言語ゲームと捉えるのは間違いだ、と言いますよね。

哲学者　そうです。キリスト教とか仏教という大規模な概念を「言語ゲーム」と呼ぶのは間違いです。言語ゲームについては、ウィトゲンシュタインが『探究』のなかで明確な定式を与えています。「命令する」とか「感謝する」とか、あるいは「祈る」。概念体系を言語ゲームと呼ぶような乱用を許したら、それこそ「礼儀作法」というところを「言語ゲーム」という言葉に置き換えて、「表千家の言語ゲーム」や「裏千家の言語ゲーム」、はたまた「武者小路千家の言語ゲーム」まで誕生しちゃいますよ。

司会　ちょっと待ってください。「言語ゲーム」は重要な概念ですから、読者のために簡単に説明しておこうと思います。「言語ゲーム」とは、ウィトゲンシュタインが言葉と人間生活の根源的な関係を見極めようとした術語です。人は生活のなかで訓練によって言葉を習得し、あたかもゲームに参加するかのごとくそれを使用する。つまり、「言語ゲーム」概念は、言葉が人間の生活や活動の一部であることを強調したものですね。

宗教学者　そうです。でも、問題を宗教現象に引きつければ、「宗教の言語ゲーム」といったとき、その言語活動や発話行為がキリスト教や仏教という概念体系ないしは言語体系と分離して考えることができるのか、という問題があります。『確実性』の言葉をもじっていえば、「キリスト教における祈りは、キリスト教という体系のなかで初めて成立する。キリスト教とは祈りの出発点であるよりも、祈りの生きる場である」といえる。すなわち、キリスト教の祈りも、キリスト教という脈絡・体系のなかで捉えなければ意味がない。両者は分離できない。祈りという行為はその体系の内部にある。だからこそ、ウィトゲンシュタインは、生活形式と言語活動・発話行為は不可分だと論じた。違いますか？

哲学者　そこは微妙です。確かにウィトゲンシュタインは、言語と生活形式は不可分である、と論じた。しかし、彼がやろうとしたことは、言語が生活と切り離され、言葉や観念を探究することで「真理」を模索できる、とみなした哲学者に対して戒めを与えることです。決して、宗教現象をもふくめた社会理論の基礎を与えるためじゃない。

宗教学者　もちろん、そうでしょう。しかし、「言語ゲーム」は、黒田亘氏がいうように、「事実概念」であると同時に「分析概念」でもある。これは宗教現象の場合も同じです。宗教という人間の活動（一種の社会現象）を表現するための事実概念であると同時に、それを探究するための分析概念なのです。

私は、「祈り」を考えるとはそれをも含んだ生活形式を考えることだ、と言いたい。宗教は間違いなく、祈り・儀礼・説教・思索・祭り・聖典・教理・文献読解・世界観の伝授など、多種多様な諸要素からなる「活動の全体」です。したがって、ウィトゲンシュタイン研究者が何と反論しようと、「宗教は言語ゲームである」と断言していいのではないでしょうか。

哲学者　宗教学者先生は「言語ゲームをとり違えている」のではないですかね。それは、ウィトゲンシュタイン的にいうと、哲学上の「誤り」ですよ。

司会　なるほど……。宗教言語ゲーム論者の「言語ゲーム」解釈に対して、ウィトゲンシュタイン研究者に異論があることはわかりました。しかし、宗教言語ゲーム論は、「ウィトゲンシュタイン哲学の応用」であって「ウィトゲンシュタイン研究そのもの」ではない。このことは考慮されてもいい。私は、彼の示唆が宗教学理論にとりこまれ、宗教研究に新たな視座を与えるなら、厳密な文献研究とは異なる意義があると思いますね。

宗教哲学者　また、別の問題もあります。フィデイズムの最大の批判者ニールセンが述べたものですけど。ウィトゲンシュタイニアン・フィデイストがキリスト教や仏教という宗教言語ゲームをひとつの体系と考えるならば、信者の「生きる」世界の言語ゲームには、宗教言語ゲーム以外にも、科学言語ゲーム、政治言語ゲームなど複数の言語ゲームが存在し、それぞれが独自の体系を保持していることになる。人間がそれらの間を行き来しながら「生きる」というのはおかしいし、体系間によっては矛盾も生じる。宗教言語ゲーム論がかかえる問題としては、こちらのほうが重要ではないですか。

宗教学者　それはそんなに難しい問題ではないですよ。科学の言語ゲームや政治の言語ゲームを営む人々は、自分の根本的な世界観と抵触しないかぎりにおいて、さまざまな言語ゲームを使いわけていると思う。そこに矛盾はない。たとえ、矛盾があったとしても、状況に応じて異なる言語ゲームを営んでいる場合もある。絶対に矛盾を避けなければならないというのは、西洋哲学に顕著な一種の強迫観念ではないか。私はむしろ、複数の言語ゲームを行き来しながら生きているのが、人間の実際の姿だと思います。

司会　あなた（宗教哲学者を見ながら）の論文は、ひじょうに緻密にフィデイズムを研究したうえで、あえてこれを批判していますね。でも、宗教言語ゲーム論における個々のゲームの働きの違いなどは、触れられてない。そのあたりを掘りさげないと、宗教学者先生は納得しないんじゃないでしょうか。

神学者　そういう哲学的な議論やウィトゲンシュタインの文献学的アプローチの話はさておき、もっと素朴な問題があります。私は個人的に信仰を持つ者として、「宗教は言語ゲームである」という主張に対して、憤りを感じます。宗教は「言葉の遊び」とは違います。宗教とは、私の場合、日々自分を生かしてくれている最も重要なものです。宗教なしの人生なんて、私には想像もつきません。それなのに、宗教が言葉の遊びみたいに聞こえる「言語ゲーム」などと言われることに、我慢なりません。

司会　「言語ゲーム」は「ゲーム」を比喩として用いているだけで、「言葉の遊び」というわけではないですよ。たとえば「神」という言葉がある。キリスト教信者は、自分がおかれた状況を、その場その場で判断しながら――意識するしないは別の話ですけど――「神」という言葉をやりとりしている。このやりとりが、ゲームのようなので言語ゲームというのです。

外国語の習得を考えてみてください。たんに単語を知っているだけでは、それを適切には使えない。外国に行ったり、外国の人と話したり、外国の本を読んだりしながら、「この言葉はこういうときに、このように使うのか」と確認しながら言語を習得するわけです。ウィトゲンシュタインを引用すれば、「言葉は生きた脈絡で使用されて初めて意味をもつ」というわけです。いい言葉ですね……。

神学者　言いたいことは解りました。けれども、やはり、宗教言語ゲーム論は「宗教の本質」とはあまり関係ないことを語っているような気がしてなりませんね。かりに、宗教言語の使用方法を習得することで、宗教的な行為ができたとしても、「超越者との繋がり」

という、宗教にとってもっとも肝心な事柄がことごとく抜け落ちている。

宗教学者　そう思われますか？　私は、信者と非信者、異なる宗教の信者たちは、根源的に違う世界観を持ち、異なるリアリティを体験していると考えます。そして、そのうえで、人間の営みとしてのさまざまな宗教に興味がある。ただ、個人的には、いかなる宗教も信仰しているわけではないので、無批判に「超越者との繋がり」を肯定することはできない。しかし、理論的には「宗教的な命題が存在論的に真／偽を問えるのは、信者の特権だ」と思っています。つまり、「神」という言葉に内実を与えられるのは信者だけだ、ということです。

でも、正直にいうとですね……、どうすれば言葉にそうした内実を与えられるのか、超越的なものを指し示す言葉がほんとうに指示対象をもつことができるのか、といった難問には頭を痛めています。さらに、こうした問題設定自体が、後期のウィトゲンシュタインが否定したと思われる、一種の対応説（言葉とそれが指し示す対象との対応関係に固執する考え方）からまったく抜け切れていない気もしているんです……。

司会　たしかに、「神」という言葉がいかにして指示対象をもつのか、というのは難しい問題ですね。ラッセルが「指示について」という論文を発表して、今年でちょうど百年目ですが、言葉と指示対象の問題はますます混迷を深めている感さえあります。

でも、宗教言語をめぐる問題が「超越者との繋がり」という関係のもとで述べられるならば、その解決は最終的には「超越者」に委ねられる問題なのかもしれません。「神のみぞ知る」ということですね。「宗教言語ゲーム論」にまつわる諸問題は、そのどれもが解決されたわけではありません。宗教と言語（ゲーム）をめぐる根源的な問題は、過去からどの宗教においても議論されてきました。これは、人間が言語を使用しつづける限り、今後も議論されるでしょうね。

（仮想討論）宗教的リアリティとウィトゲンシュタインの「世界像」

【パネリスト】宗教学者／哲学者

司会　前回の議論で宗教学者先生は「信者と非信者、異なる宗教の信者たちは、根本的に違う世界観を持ち、異なるリアリティを体験している」と述べておられました。この点に関して、宗教学者先生は、ご著書で「こうした異なるリアリティの相違と、ウィトゲンシュタインの〈世界像〉の問題とを絡めて考えることができる」との持論を展開されていたと思います。是非、今日はこの「世界像と宗教」というテーマで議論をしたい。

しかし、ウィトゲンシュタインの「世界像」についての理解・解釈は難しく、研究者の間でも諸説あるようで、一筋縄ではいきません。まずはこの辺から、入りたいと思います。

宗教学者　そうですね、「世界像」の問題は難しいですね。特に初めて耳にする方々に、どのように説明したらいいか悩んでしまいます。議論の過程で、理解してもらえれば幸いです。はじめに、私の問題意識から説明しましょう。

哲学するという営みの根底には、素朴な疑問が横たわっている。私の教え子が、こう質問してきた事があります――「宗教は世界の在り方を説明しているということですが、どれが本物で、どれが偽物なのでしょうか？」と。

こういった問いは、真理主張や概念相対主義にかかわる問題として今日でも問い続けられている。この問題に、誰もが納得する答えがあるとは思わないのですが、ウィトゲンシュタインが与えた示唆は大きい。彼は『確実性』のなかで「ここに手があることを疑うなら、何の話もすることは出来ない」という主旨のことを述べます。つまり、私たちが言語を使用して生活していくにあたって、疑わずに端的に受け入れた多くの命題・事実がある、ということです。例えば「いま私は日本にいる」「大地は大昔から存在していた」というような命題・事実です。

『確実性』に登場するのですが、自分が生まれたと同時に世界が誕生したと思っている王様――ここは日本だから総理大臣のほうがいいですね――が今ここにいる、としますね。

彼には、江戸時代の話は絶対に通じないし、理解されない。なぜなら、「時間」や「歴史」を、根底的なところで、われわれと共有することができないからです。だって、彼にとって、自分が生まれる以前に世界は存在しないのだから、とうぜん自分が生まれる以前には歴史も時間の流れもない。彼とわれわれでは「世界像」がまったく異なるのです。その結果、彼とわれわれでは、行動・話の内容・ものの見方や考え方などがまったく違ってくる。

このように、世界像というものは言語運用に影響を与えるとともに、人々の生活や行動にも影響をおよぼす。そうであれば、宗教もこれと類似的に捉えることはできないか、と思ったわけです。つまり、「神が存在する」「霊魂は不滅である」「死後、私は最後の審判を受ける」というような宗教的命題は、「大地は大昔から存在していた」というような世界像に関する命題と同じなのではないか、と。

また一般的に、近代以降は、宗教は個人的な信仰の問題であり心の問題だと理解されていますが、それはとんでもない誤りではないでしょうか。歴史的にみても宗教は、共同体的・社会的な側面をもっている。それは、たんに個人の選択・嗜好の問題に収まるものではない。もちろん、体験それ自体は個人的なものかもしれない。私の体験を他人が体験することは無いですからね。けれども、宗教は、その人以外の多くの人々にとっても重要な、相互主観的なものです。

哲学者　しかしながら、私は「個人の体験と世界像は無関係ではない」と考えています。世界像を構成する命題は、体験の影響をまったく受けないわけではない。例えば、超高性能の望遠鏡で天体観測をしていると、突然、新しい天体が観測されたとします。しかも、その天体には、地球にあるのとよく似た遺跡や史跡があり、人々（人間のような知的生物）がその天体の上を歩き、自動車が走り回っている。

さらに、注意深く夜空を眺めていると、頻繁にそのような「天体発生」が起っていることが観察される。そのとき、われわれは、「ひょっとすると地球も、それらの天体と同じように、そう遠くない過去に突然発生したのかもしれない……」と思い始めても、不思議なことではないでしょう。「大地は大昔から存在していた」という信念が揺らぎ始めるのですね。

司会　「そういうときにも、それまでの考え方とか信念を変えてはならない！」とウィトゲンシュタインは言いたかったのではないですか。「これこそが世界像の働きだ！」と。

つまりですね、たとえ信念が揺らぎ始めるとしても、その人のその後の生活は変わらない、と思うのです。それでは、世界像が変わった、と言えないのではないか。

哲学者　本当に生活が変わらないかどうかは、分かりません。しかし、突然、惑星が誕生したのを確認し、さらに二四時間後にその惑星が消滅したら、どうでしょうか。「大昔から大地が存在している」という世界像の裏には、「未来においても大地はあり続けるはずだ」という確信があると思われます。けれども、先のような事態を目撃すれば、未来に対する安心感が失われ、根底から生活が変わるかもしれない。

もちろん、このような空想が可能だということが、直ちに、現在われわれが住んでいる地球についての諸命題を疑う理由にはならないですし、現にわれわれはそれらを疑う手がかりをまったく持っていません。

ですが、意外にも、ウィトゲンシュタイン自身が、世界像が疑われるようになる体験的な事態は可能だと気付いていて、非常に苦慮している。でなければ、「私の最も根本的な判断を覆すような証拠が、出てくるかもしれないではないか」（『確実性』）などと言わないでしょう。ですから、「そういうときにも、それまでの考え方とか信念を変えてはならない！」というように、「がんばる」ことは自然ではないのです。

「がんばる」とは、この文脈では、それまで行なってきた言語ゲームや世界像を維持し続けることです。けれども、言語ゲームは、世界像の変化によって、それ自体が崩壊する可能性をはらんでいる。すなわち、「言語ゲームが変わる」ということです。つまり、「そういうときにも、考え方とか信念を変えてはならない」というのは、その言語ゲームの枠の中で言えることであって、その意味では非常に正当なのですが、不可避な変化を絶対に受け入れないということではない。もし、世界像にラディカルな変化が起こったのにも関わらず、それまでの言語ゲームを維持できるのなら、世界像は言語ゲームにおける文法規則の役割を担っていないことが明らかになる。

宗教学者　そうした世界像の変化で重要なのは、たんに世界の見え方や解釈が変わるということではなく、「世界の在り方そのものが根底から変わってしまう」ということです。

哲学者　世界像の変化と関係すると思うのですが、「アスペクト変換」をめぐるウィトゲンシュタインの議論が参考になるのではないでしょうか。

司会　「アスペクト変換」というのは、同じものがまったく別なものに見えるようになることですね。ウィトゲンシュタインが例として取り上げたもので、あまりに有名なのは、心理学者のジャストロウが考案した件の「ウサギ＝アヒルの頭」の絵です。同じ絵なのに、ウサギにもアヒルにも見える。これまでウサギに見えていたものが、突如としてアヒルに見えるようになる（その反対も起こる）。瞬時にしてまったく見え方が変わる。こういった事が世界像に関しても起こりうると、宗教学者先生はそうお考えなのですね。

しかし、世界像は、そんなにコロコロ変わるものではないでしょう。だからこそ、世界像なのです。また「ウサギ＝アヒルの頭」の絵に関しても、アスペクト変換が起きるためには、ウサギとアヒルの両者を知っていなければなりません。世界像を説明するのに、アスペクト問題を例とするのは妥当だとは思えないのですが、いかがでしょうか。

宗教学者　そうかもしれません。しかし、世界像も宗教も「リアリティ」の問題を根底

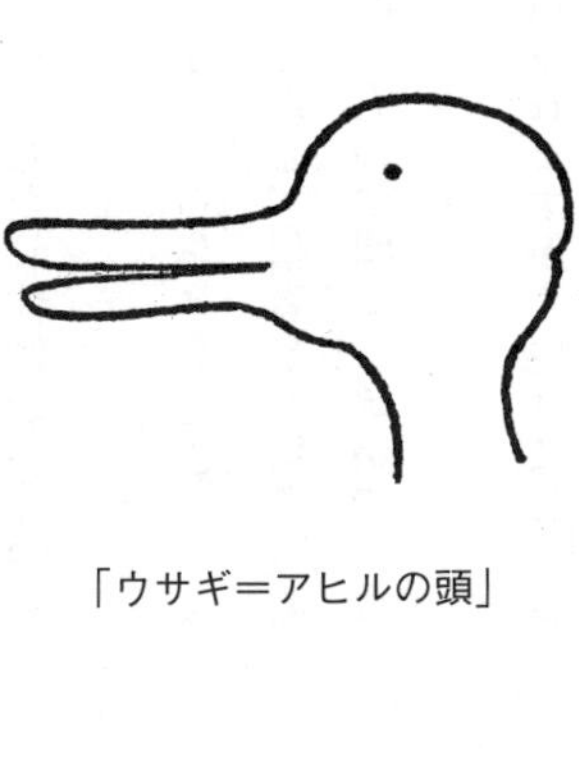

「ウサギ＝アヒルの頭」

に抱えている。たとえば、ある宗教に入信することにより、それ以前には知識として知っていただけの宗教的世界観にリアリティが付与されるようになる。そういった、世界の根本的なところの変化です。その変化は、瞬時に起こることもあれば、比較的ゆっくりと起こることもある。いずれにせよ、ある人がある宗教にコミットすることによって、世界がそれまでとは異質なリアリティを持つようになる。これは、「異なる枠組み」「異なる世界像」を持つようになることであり、世界像にもアスペクト変換が起こりうる、と考えてみたいのです。ジェイムズの名著『宗教的経験の諸相』には、そうした具体例がいくつも挙げられています。

司会　つまり、信者と非信者は異なる世界像を持つ、もしくは、回心などを通じて一人の人間が異なる世界像を持つようになる、ということですね。しかし、信者も非信者も同じ世界で生活している。世界像の射程は、もっと基底的で端的なものに関する議論ではないのでしょうか。

宗教学者　では、中東地域での自爆テロが毎日のように報道されますが、現世における救済ではなく、死後の救済を前提とした殉教の例などはいかがでしょうか。ウィトゲンシユタインの「宗教的信念についての講義」では、霊魂不滅を信じる者と信じない者、最後の審判を信じる者と信じない者、復活の教理を受けいれる者とそうでない者、自分の身に起こったことをすべて宗教的褒賞や罰として受けとる者とそうでない者とには、「互いに異なった像」が浮かんでくる、と述べられています。自爆テロを決行する人は「自分には来世での幸福が約束されている」と思うかもしれません。

世界像命題を現世だけに限定するか、それとも来世までふくめたものとして考えるかで、かなり違ってくるでしょうね。ウィトゲンシュタイン自身の世界像に即していえば、おそらく、彼は前者の考え方をしているでしょう。けれども、私は、世界像ないし世界像命題の議論を宗教に適用する場合、来世までもふくめたい。

司会　まだまだ議論したいところですが、あっという間に時間が来てしまいました。司会としては、かなり喋り過ぎてしまいました……。反省しております。皆さん、きょうはお忙しいところをお集まりいただき、まことにありがとうございました。

（仮想討論）宗教における「概念相対主義」の問題

【パネリスト】宗教学者／哲学者

司会　討論三度目の今回は、「宗教言語ゲーム論」における相対主義の問題を、アメリカの代表的哲学者であるデイヴィドソンの「概念相対主義批判」を交えながら、考察していくつもりです。

まず宗教学者先生にお伺いしますが、「宗教言語ゲーム論は概念相対主義の立場に立つ」とおっしゃっていましたね。それについて、もう一度ご説明を願えますか。

宗教学者　分かりました。宗教言語ゲーム論とは、宗教を考えるにあたって、「ゲーム」という比喩を用いながら、言語使用をはじめとする広い意味での信者の行動を、特定の諸規則をもった一つの体系だとする見方です。そして、その体系は、信者の言葉使いや行動から推測できるものであるとみなし、逆算的に、そこにリアルなものの存在を推測するわけです。

例えば、ある宗教が、死後の世界を前提としたうえで「この世界」を捉えていたならば、その宗教の信者は、死後の世界を否定する人々とは「この世界」について異なるリアリティを感じているだろう、ということです。

ただ、今回の討論は、デイヴィドソンの相対主義批判を受けて、ということです。そこで、きょう問題になってくるのは「そうしたリアリティが異なるというのはどういったことなのか」ということでしょうね。

司会　ありがとうございました。前回、宗教学者先生から「世界像」の違いが宗教にもあるのではないか、という提言をいただきました。「世界像」とは、言語ゲームの基盤となるような事実とか命題であり、宗教の言語ゲームであるならば、「神は存在する」という類の命題です。こうした命題は、「大地がある」とか「百年前も地球は存在していた」という命題と類似性を持つものだと理解しています。

したがって、「世界を創造した神がいる」とする人と「そんな神はいない」とする人とでは、両者が等しく生きているこの世界のリアリティすらも相違するものとなる。この違いは根本的な違いとなり、宗教を信じる者と宗教を信じない者や、異なる宗教を信じている者同士では、「真に相手を理解する事は不可能なのではないか」という疑問も浮かび上がってくるのだと思います。

哲学者　そういう言い方をするのなら、「真に相手を理解する」なんて家族や友人の間ですらも難しいでしょう。はじめに断っておきますが、デイヴィドソンの「反相対主義」というのは、ある種の一元論または絶対主義を展開することで相対主義に反論するという、陳腐なものでは決してありません。そうではなく、彼の批判は、相対主義が主張するような「枠組み」「概念枠」そのものに対しての批判です。例えば、宗教であるとか、文化であるとか、科学者のパラダイムであるとか、そういった枠組みへの批判です。デイヴィドソン自身は「体験を組織化する方途」「感覚のデータに形式を与える範疇の体系」「個人や文化や時代が、眼前の光景を探究するための視点」などの表現を、概念枠の別の表現としてあげています。

そして、「その枠組みの境界線が本当に明瞭なものとして存在するのか」という問題提起をし、その枠組みないし概念枠自体の解体を狙った、おそるべき議論なのです。デイヴィドソンの議論が正しいとすると、宗教言語ゲーム論なんてものは存在する余地がまったくなくなるのです！

司会　概念枠という枠組み自体が解体されたなら、宗教言語ゲーム論者や概念相対主義者たちが考えている「リアリティをもたらすもの」が無くなることになります。ある一つの概念も複数の異なる概念も存在しない、さらに、個々の概念が構成しているような全体としての枠組みも存在しない、というのですか。

哲学者　そもそも、「異なる概念をどのように認識することができるのか」を問題にしたい。デイヴィドソン流に考えるなら、「人間同士がたがいに理解できないとは、いわばコミュニケーションが成立しない」ということです。そのような状況では、何が同じで、何が異なっているのか、さっぱり分かりません。つまり、この次元では、「異なる概念」というものがどういったものであるのかすら、理解できないのです。

反対に、人間同士がたがいに理解しあえるのであれば、概念枠が相違している、と見なす必要はまったくないわけです。

司会　なるほど……。では、異なる概念を見出し得ないとするならば、人びとはいわば「共通の概念枠」の上に立って話し合いをしているとか生活している、と考えても良いのでしょうか。

哲学者　ちょっと言葉が足りなかったですね。けれども、そのように考えてはいけません。概念枠が異なることを理解可能な形で言えないのと同じように、逆に、その枠組みが同一のものであるとも言えないのです。なぜならば、それが同じであることを保証するような「共通の基盤」を見出せないでいるからです。

司会　難しいですね。概念枠が異なるとも言えないが、さりとて、それが同じとも言えない……。つまり、個人個人のレベルとかコミュニケーションのレベルでは、共通の基盤があるとかないとかは言えず、そこには人間同士のあいだで個々のやり取りがあるだけ、ということなのでしょうか。

宗教学者　ちょっと待って下さい。やや議論から逸脱するようですが、問題になっている「理解」といっても、いろいろな次元があるでしょう。例えば、たんに言わんとする事が分かるという次元もあれば、言わんとする事が分かってさらに相手に賛同し行動をともにするという次元もある。

宗教の場合、他者の言うことを理解して、それに賛同し、さらには行動をともにするか否かが重要な問題となります。そこに信者と非信者を分かつものがある。そして、「理解」をめぐって最終的な宗教上のコミットメントの問題を考慮すれば、信者と非信者では、理解しあえないものがあるでしょう。たとえば、「神が存在する」という命題を肯定し、これに全身全霊をあげてコミットするか否か、といった場合ですね。けれども、そのさい、何がどのように違うか分からないけれども、信者と非信者はたがいに「違ったもの」にコミットしていることは認識できる。

また、宗教とは、多種多様な存在・存在者にその意味をあたえ、人間生活に大きな影響を与えるものでもあります。つまり、信者と非信者では同じような生活をしているとしても、同じ概念ないし概念枠に立っていない可能性だってある。

もちろん、人間の生活ですから、基本的には動いて食べて眠るわけです。生活の類似性はいたるところに見出せるでしょう。けれども、その宗教における全体論的意味付けが原因となり、人間生活全体の意味付けの仕方も異なってくる。すなわち、一見したところでは同じように見える生活でも、実はまったく質が異なったものだという可能性は、充分にあるわけです。表面上コミュニケーションは円滑におこなわれているように見えるけれども、深いところでは、信者と非信者／異なる宗教を信奉している者同士では、違ったものを見ていた、異なったものを感じていたなどということが、往々にしてあるわけです。

司会　少し整理してみましょう。哲学者さんの主張は「概念枠は存在しない」というものでした。なぜなら、相互理解が可能であれば概念枠が異なると解釈する必要はないし、反対に、本当に理解ができないならば概念枠を相対化することすらできないからです。ですので、個々人のコミュニケーションにおける実践の次元が存在するだけだ、ということになりますね。

それに対し、宗教学者先生は、最初から宗教的／非宗教的（ないし異なる宗教）という異質な概念枠を想定します。たしかに、生活の次元では、現実的に類似する点も多いのでコミュニケートできているように見える状況がある。けれども、「この事実は、異なる概念枠が存在しないことを決して意味するのではない」と説明する。

どうも、私には、同じ現象を概念枠が「在る」という視点と「無い」という視点から語っているようにしか感じられませんが、いかがでしょうか。

哲学者　それは、違いますよ。もう少し詳しく述べると、宗教学者さんのような相対主義者がかかえこんでいる問題点を、デイヴィドソンは、次のように言います――「概念相対主義を可能にさせているのは〈実体〉と〈枠組み〉という二元論のドグマである」と。つまり、「枠組み」と「実体」という二分法を最初から用いている、ということです。

宗教学者　いやいや、逆だと思います。その指摘こそ、哲学者さんの議論の難点を露呈している。哲学者さんの議論は「概念相対主義が成り立つためには、異なる概念枠が明確な形で存在し、それが相対化されなければならない」という前提で議論が展開されているのです。しかしですね、異なる概念枠を明確にすることができなくても「それが存在しない」とは断言できないのではないでしょうか。もっとポジティブに、居直りととられるのを覚悟で言えば、「概念枠を明確化できなくとも概念枠はある」と言えるのではないでしょうか。

特に、宗教における言語ゲームの特徴は、メタファーとかアナロジーとか否定的言説などを駆使することによって、人間が平々凡々と生きている領域とは異質な領域に属している物事を示唆し続けるタイプのものです。そして、異なった宗教の信者たちは、たがいに

「よく分からないけれど、何か自分のものとは別の枠組みが、相手の人びとの言説や行動を規定している」ことを認識しています。そして、これこそが、多くの信者たちがいだいている実感ではないでしょうか。

司会　なるほど、「異なる概念枠をきちんと理解できないことが、異なる概念枠が存在しないという結論には必ずしも結びつかない」ということですね。きちんと理解できなくても、「異なる概念枠がある」と感じることはできる、と。

哲学者　残念ながら、私はその意見には納得できません。そのように、安易に異なる概念枠を想定することで概念相対主義が成り立ちうるとは思えないからです。異なる概念枠が現実にあるのではなくて、たんに「そういったものがある」とある人たちが想定しているに過ぎない。たんにある物事が想定できることから、実際にそれが存在することを演繹できないというのは、哲学の常識です。

宗教学者　でも逆に、さっき述べたように、「異なる概念枠を明確にできないからといって、それが絶対に存在しないことも演繹できない」とも言えるでしょう。たとえば、概念枠とは違いますが、「死後も自分の魂は存在しているか否か」という身近な問題があります。死後も魂が存在するのであれば、自分が死んだ後、それが正しいことが証明されます。しかし、死後においては魂が存在しないのならば、その魂の死後の存在は反証されません！　なぜなら、魂が存在していないのですから、何もわからないからです。このことから理解できるように、死後も人間の魂が存在することが明確にわからないからといって、その可能性を否定することはできないのです。概念枠にもこれと同じことが言えると思いますね。

司会　ちょっと熱くなってきたようです。司会がお二人の議論を強引にまとめるなら、宗教を取り上げる難しさは、理解が可能な地平と、理解が不可能な地平が混在しているということでしょうか。宗教というものは、理解できたようで理解できず、さりとて、理解できないようで意味不明というわけでもない。逆に言えば、これが宗教ないし宗教研究の面白さですね。

もう予定時間をかなり超過しており、ここで議論を止めなければなりません。しかし、今日は、宗教における相対主義の問題を、デイヴィドソンの議論と絡めて論じることができました。とても有意義なものであった、と感じています。

付記――第一回目の討論で言及された黒田亘氏の見解を利用しながら、「言語ゲーム」について少しだけ補足しておきたい。彼は「方法概念としての言語ゲーム」と「事実概念としての言語ゲーム」という言語ゲームがもつ二つの側面を指摘している（『ウイトゲンシュタイン』平凡社、参照）。すなわち、言語ゲームは、一方で、言語活動をふくんだ人間の諸活動を分析するための方法・理論・モデルといったものであり、他方で、人間の諸活動を記述する道具でもある、というわけだ。筆者（星川）の宗教言語ゲーム論は、どちらかというと前者に傾いている。言語ゲームの諸相はわれわれの眼前にあるにもかかわらず、われわれは言語ゲームの多様性や言葉の用法の異なりを見ないことが多い。そこで、「表層文法」ならざる「深層文法」の解明があってはじめて、一つの言語ゲームが別の言語ゲームから明確に区別されることになるのだ。筆者の立場からいえば、ある一つの宗教の言語ゲームを他の言語ゲームから区別する、ということである。

第5章　宗教間対話

宗教間対話の背景

キリスト教において宗教間対話の必要性が叫ばれるようになったのは、一九六〇年代のことである。世俗化や近代化により、もはや以前の言説に固執したままでは人々の要求に応えられなくなったカトリック教会を現代の状況にあわせて刷新するため、第二ヴァティカン公会議が六二年に招集された。この会議で採択された『キリスト教以外の諸宗教に対する教会の態度についての宣言』（以下『宣言』）には、次のような態度が表明されている。

カトリック教会は、これらの諸宗教〔ユダヤ教、イスラム教、ヒンドゥー教、仏教〕の中に見いだされる真実で尊いものを何も排斥しない。これらの諸宗教の行動と生活の様式、戒律と教義をまじめな尊敬の念を以て考察する。

これはキリスト教の歴史を通じて、まさに革新的な出来事であったと言える。というのも、それまでキリスト教では「教会の外に救いなし」という態度が保持されつづけていたからである。この宣言を契機に、キリスト教世界において宗教間対話をめぐる議論が活発化していくことになった。

キリスト教以外の諸宗教の行動と生活の様式や戒律と教義を「まじめな尊敬の念」を以て考察すること、ひいては宗教間対話をおこなうことにも、神学的根拠が必要とされるのがキリスト教である。あくまでも、「他宗教も真理を有している」と解釈することが神学的に可能にならなければ、そうすることの意味が無くなってしまうのだ。したがって「諸宗教がなんらかの意味で尊重するのに値する」と認めるための理論が要請されることになる。そこで、他宗教を知るため、宗教間対話をおこなうための基礎理論として登場したのが、「包括主義」であり「宗教多元主義」なのであった。およそ、このように考えることができよう。

さらに、なぜキリスト教陣営から宗教間対話が要請されるようになったのかについて、改めて思いをはせると、さまざまな理由が浮かんでくる。

まず、大航海時代以降に西欧人が異文化の人々と接触する機会が飛躍的に増えたこと、このことによりキリスト教が他宗教について知る必要性が高まったこと、が挙げられるだろう。その結果、「キリスト教も多くの宗教のうちの一つにすぎない」とキリスト教を相対化して捉える視点がもたらされ、他宗教を学ぼうとする意識につながったのである。また、地球規模になった環境破壊や核への恐れに対し、何らかの倫理的行動を宗教に求める社会的な要請もあった（もちろん、宗教界自身にも戦争協力への反省などから、ある種の普遍倫理の構築を志向する動きもあった）。さらに、世俗化に対抗するため団結する必要性が感じられていた、というキリスト教の存続に関する事情も理由の一つとしてよいだろう。

しかしながら、ここでは『宣言』を、現在において宗教間対話が取り沙汰される背景にある重要なもの、と見なしたい。そして、宗教間対話が必要になった理由を一言で述べるとすれば、『宣言』にも反映されていることだが、「キリスト教が他の宗教を無視して生き残ることはもはや不可能になったから」ということになろう。

多元主義と包括主義

第二ヴァティカン公会議を、思想的な意味においてリードしたのは「無名のキリスト者」で有名なラーナーである。けれども、他宗教を信仰する人々も実は「キリストによって救われている人々」である（彼らはその事に気付いていないが）、とみなす彼のこの立場には、次第に多くの批判が寄せられるようになった。すなわち、ラーナーはキリスト教中心の見方を脱していないとして、彼を「包括主義」者と断じ、新しく「宗教多元主義」を名乗る動きが出てきたのだ。

この「宗教多元主義」という言葉をはやらせた、神学者ヒックの『宗教多元主義』（法藏館）から一節を引用しよう。

宗教多元主義とは、偉大な世界宗教はどれでも「実在者」なり「究極者」なりに対するさまざまな知覚と概念、またそれに応じたさまざまな応答の仕方を具体化し、加えてその各々の伝統内において「自我中心から実在中心への人間の変革」が明確に生じつつあることを認める立場のことである。したがって、偉大な宗教伝統は、それぞれ代替的な救いの「場」あるいは救いの「道」とみなすことができる。そして、この場なり道なりに沿って、人は救い・解放・悟り・完成に達することができるのである。

どの宗教伝統においても、救い・解放・悟り・完成に達することができるというのだから、ひらたく言えば、諸宗教は横並びの状態で共生していることになる。そして、宗教多元主義（以下「多元主義」）は、こうした認識にたって、宗教間対話を推進しようというのである。

このヒックとニッターを編者として、一二人の寄稿者による『キリスト教の絶対性を超えて』（春秋社、以下『絶対性』）という論文集が出版された。それぞれに見解が微妙に違うものの、基本的に、寄稿者たちの多くは多元主義の立場から執筆している。ヒックの多元主義の支持者は、内外において、少なくない。一例をあげると、わが国でも、間瀬啓允・稲垣久和編『宗教多元主義の探究——ジョン・ヒック考』（大明堂）という論文集も上梓されている。

しかし、『絶対性』の出版のあと、これに対する反論として、デコスタが編者となり、一四人の執筆者による『キリスト教は他宗教をどう考えるか』（教文館、以下『他宗教』）という論文集が出版された。この本を貫いている視点は、反「多元主義」の一つの形として「包括主義」を新しく捉えなおすことにある。寄稿者の一人であるグリフィスは、次のように語っている。

ある種の唯一性、つまり普遍主義と排他主義とをともに含むような唯一性は、キリスト教徒の生活の統語論にも意味論にも不可欠である。キリスト教徒が自己の統語論と意味論のもつ普遍主義的で排他主義的な次元を率直に認めることで、宗教間対話には新たな局面が開かれるであろう。それは、多元主義のパラダイムからは歩み入ることのできない開拓地である。(「キリスト教教理の唯一性を擁護する」)

ここで述べられている新たな包括主義とラーナーのそれとの違いはどこにあるのだろうか。『他宗教』の寄稿者には、キリスト教の独自性を保持するという姿勢は当然のことながら、さらに、他宗教の独自性・特殊性もそのままにしておくべきだ、という論調が強い。

この認識は、「キリスト教徒はキリスト教の視点からしか他宗教を理解することができない」ことを反省的に自覚する、という態度につながっていく。この新しい包括主義にはかなり同意できるところがある、と筆者たち（星川と山梨）は考えている。

　また先に、キリスト教陣営から宗教間対話が要請されるようになったのは、「キリスト教が他の宗教を無視して生き残ることはもはや不可能だ」と認識されるようになったからだ、と論じた。しかしながら、多元主義と包括主義とは、宗教間対話に対して、適切に対応できているのだろうか。もちろん、彼らの主張が宗教間対話を目指していることに疑念はない。けれども、正直なところ、ヒックの多元主義は「究極的な神的実在」を認めるという点で、「キリスト教の絶対性を超えて」いないのではないか、という気がしないでもない。そして、最初から唯一の「究極的な神的実在」を認めるのであれば、対話する以前からそれが行き着く先が見えているのだから、対話にならないのではないか、という感じももつ。

　かたや、グリフィスには「宗教間対話の新たな局面」や「多元主義のパラダイムからは歩み入ることのできない開拓地」を具体的に詳しく示してほしい、という気がする。けれども、これらを現時点で示せないのは当然であろう。なぜなら、それは（理論的な可能性としてはともかく）将来において宗教間対話がますます活発にならないとわからない、と思われるからである。

多元主義と包括主義の相違点と共通点

ヒックの陣営からは反論があろうが、スリンは「多元主義者は他者について語りはしても、他者に向かって語ることはしない」と批判している（「言語の政治学」傍点引用者）。多元主義はすべての宗教を同次元において同等にあつかう。つまり、すべての宗教を超越したメタの視点にたって諸宗教を見渡しながら、それら「について」述べるのである。これはいわば「神の視点」からものを言うことである。比喩的に言えば、多元主義者たちは、地上に生きる人間を天上から眺めながら、人間の所行について述べている、とでも言えようか。

これに対して、包括主義者たちはキリスト教の立場を死守する一方で、さきに述べたように「おのおのの宗教の独自性・特殊性もそのままにしておくべきだ」と見なしている。彼らはキリスト教を死守しながらも、視点についていえば、「人間の視点」からものを言っている。つまり、包括主義者は、一人の人間が自らの信仰に内在しながら、他者を見る視点に立っている、ということである。多元主義を「神の視点から人間や宗教について論評するもの」だとすれば、包括主義は「一人の人間の視点から他の人間や他宗教の信者に向かって語ろうとするもの」だと言えよう。

このように考えてみると、筆者たちのように、どの宗教にもコミットしないで宗教間対話について発言している者にとっては、多元主義と新しい包括主義との違いはそれほど重要ではなくなる。いずれの立場も「キリスト教にも他宗教にもそれらの独自性・特殊性を認める」という点では一致しているからだ。もちろん、それを認める視点が「神の視点」からなのか、それとも「人間の視点」からなのか、というのは両者にとって決定的な相違であるかもしれない。けれども、それはキリスト教という宗教の内部にいる人々の場合の話であって、筆者たちの視点から見れば実質的な相違はない。

宗教間対話は本当に必要なのか

西洋的前提をもつ宗教間対話

非西洋的な視角からみれば、宗教間対話には一つの問題点を指摘することができる。すなわち、多元主義と包括主義は正反対の主張をしているようで、実はいずれも次の西洋的な二つの前提のもとに成立している見解である、ということだ。

①「宗教間対話」という場合、仏教・神道・キリスト教・イスラム教・ヒンドゥー教などのさまざまな伝統が「宗教」という言葉のもとに括られている。しかし、このようになったのは、たかだか二百数十年ほど前のことである。それまでは、仏教も神道もキリスト教もイスラム教もヒンドゥー教も等しく「宗教」と呼ばれるものだ、とは認識されていなかった。右の見方は近代西洋の文化がもたらした認識の仕方である。換言すれば、多元主義も包括主義も、宗教を一つの類としてその下に各宗教の伝統が種として属するという構

図を前提としているけれど、これは西洋の啓蒙主義時代以降の見方なのだ。そして双方とも、西洋的な観点から宗教と考えられるもののカテゴリーのなかに、他文化に見られる「宗教的」諸現象を含ませている。「宗教というものがある」という考え方自体が、暗黙のうちに他宗教を西洋的観点から見てしまう結果に繋がっている可能性は、否定できないだろう。

②多元主義も包括主義も、ひとしく「対話」について語っているが、現実には、これは一つのイデオロギーではないだろうか。この「対話」という語は、英語では周知のとおり、〝dialogue〟であり、「宗教間対話」は〝inter-religious dialogue〟とか〝dialogue between religions〟などと表記されている。もともとダイアローグというのは、二つのロゴスが互いに意見を交えながら、それらが弁証法的に統一され、共通の真理に到達するための手段である。つまり、対話は初めから、なんらかの問題の解決／最終的な一致／普遍的なものなどを求めることを意図しているのである。そして、「宗教間対話」という場合には、複数の宗教間でそうしたものを求めることが前提になっているのだ。すなわち、「宗教間対話」という術語を使用するということ自体が、すでに、一つの立場の明確な表明なのであ

る。

宗教間対話は本当に必要なのか

ここで改めて「宗教間対話は必要なのか」という問題を考えてみよう。特にキリスト教神学者が宗教間対話に積極的な姿勢を示しているのだが、宗教間対話自体が西洋的な発想の産物である。日本の仏教者の中には「キリスト教信者と対話などする必要はない」と感じている者もかなりいるようだ。これは考えてみれば無理からぬ話で、仏教者が非難される謂われはない。日本では昔から、神道・仏教・儒教、さらにキリスト教が併存してきたという事実があるにしても、仏教や神道には、西洋哲学やキリスト教思想を勉強した一部の人々を除けば、宗教間対話をしようなどという西洋的発想が生まれる素地は希薄だったのである。この背後では、西洋の場合とは違った地理的・民族的・文化的・歴史的・思想的事柄や、神道・仏教・儒教などの宗教の教理の特徴にかかわる事柄などが、複雑に絡み合っていることだろう。けれども結果的に、日本では「宗教間対話をしよう」という姿勢は、現代になっても、それほど強くないのである。もちろん筆者たちは、さまざまなレベルで「宗教間対話」がおこなわれている、という事実は認識している。しかしながら、全体としては、このように言えるのではないだろうか。

さらに言えば、本当に宗教間対話は必要なのだろうか。仏教は仏教で、神道は神道で、キリスト教はキリスト教で、イスラム教はイスラム教で、ヒンドゥー教はヒンドゥー教で、それぞれの宗教を自分たちで深めていけばいいではないか。相手の存在をそれなりに認めて、共生・共存できればそれで充分なのであって、別に対話などしなくてもよいのではないか。このような見方も充分に可能である。現実のこととして、諸宗教の信者の多くは、宗教間対話の必要性などまったく感じていないであろう。

しかしながら、「宗教間対話は不要である」と決めつけるのは賢明ではない。現在から将来にかけての諸宗教のあり方を考えた場合、宗教間対話は重要なテーマとなってくることに間違いはない。なぜなら、国際化やグローバル化が進むにつれて、宗教間対話がもたらす成果として、次のようなことを予想しうるからである。

①平和や難民の救済という人類共通の課題に対して、諸宗教が一致して協力すること

により、成果を上げることができる。

②これまでの歴史をみると、宗教戦争や異教徒の迫害など、争いや迫害に宗教が絡んできたという事実がある。争いや迫害に宗教がかかわることは、宗教間対話をとおしてかなり阻止できる。

③諸宗教の信者たちは、自分の宗教の絶対性・正当性をきわめて強く主張・要求するが、対話および寛容の精神によって、こうした傾向が過度になることを制御できる。

④諸宗教はこれまで人間のものの見方や考え方に大きな影響を与えてきたが、異質な宗教を知ることで、自分の宗教を新たな視点から見直すことができる。これは自分の宗教をさらに深く理解するきっかけになる。

⑤宗教間対話をとおして、自分の宗教を時代にあったものに生まれ変わらせることもできるだろう。宗教には、自らの手で自らを刷新していくエネルギーも必要である。

⑥多様な宗教が対話に参加することによって、人類はこれまでとは違った、時代に相応しい新たな「宗教」を生み出すことになるかもしれない。

ところで、宗教間対話には、あまり言葉に頼らないもの（対話はしなくてもなんらかのことで一緒に活動することなど）から、高度に言葉を駆使するもの（仏教とキリスト教の識者同士による哲学的・神学的対話など）まで、多様なケースがあることは充分に承知している。しかしながら、筆者たちがここで念頭においている宗教間対話は、教理や思想内容にかなり立ち入ったレベルの対話――先の例でいえば④から⑥に相当するもの――である。この種の対話については、キリスト教の神学者を中心とした一部の宗教的エリートの間でしかなされていない感がある。この意味において「現在は本格的な宗教間対話がはじまる以前の段階だ」と筆者たちは言いたいのだ。

「対話」以前の「話し合い」

そうだとすれば、諸宗教にとって、「話し合い」（conversation）を自覚をもって積極的に行なうことが、現時点においてはもっとも推奨されるべきことではなかろうか。この言葉のもともとの意味は「共に生きること」である。言語的な実践を通じて他者と共に生きることである。これは、対話と違って、なんらかの問題の解決／最終的な一致／唯一的真理／普遍的なものなどを求めることを意図しているのではない。異質な他者との出会いを求め、その異質性を享受することのみでよいのだ（もちろん、話し合いの結果として、それらがもたらされても構わない）。

「対話する」という行為には、共通の主題（たとえばヒックのあげた救い・解放・悟り・完成など）があり、対話者同士がそれに共感的理解を抱くということまでが含まれている。けれども、「話し合う」ことが意味するのは、ただ語りかけたり話し合ったりするだけのことである。この場合には、他者との差異や異質性を認識することが、他者を理解することになる。それが、他宗教の理解と、その理解をふまえたうえでの他宗教との共存を実現するために、諸宗教が踏み出すべき第一歩なのだ。

いずれにせよ、①から⑥にあげた理由により、国際化やグローバル化の進展とともに、ますます宗教間対話が必要になってくるであろう。本格的な宗教間対話が開始される以前の現時点においては、このことを自覚して、話し合いを実行にうつすことが重要である。また、将来的に、宗教間対話がますますさかんに行なわれるようになったとしても、ヒックのように「唯一的な神的実在を最初から前提・出発点とする必要はない」と筆者たちは考えている。あくまでも、諸宗教がもつ共通性よりも、根源的な差異や異質性に目を向けたい。それらの適切な認識をふまえて初めて、深い意味での宗教間対話が可能となろう。

付記1——本節執筆後、『他宗教』の訳者である森本あんり氏の論文「多元主義的宗教理解の諸前提」を目にする機会を得た。その内容は題名のとおり、『絶対性』において雄弁に語られた多元主義全般に共通する諸前提を、明確な視点から批判するものとなっている。

森本氏の論文の趣旨を述べよう。「そのいずれについても背後に近代西洋自由主義の歴史的文脈と価値観が前提」されている多元主義は、「今後の世界諸宗教相互の対話に貢献するための基礎としては必ずしも適切ではない」。このように論じたあと、トレルチの「宗教の主観的絶対性」の立場に立ち戻るべきことをわれわれに促す。そこでは、諸宗教はその「独自性と唯一性を承認され」「他宗教がなす同様の確信の表明を尊重」できるようになる。真の宗教間対話は「ここから出発する」のである。

この論文を筆者たちの主張にひきつけて解釈してみると、次の四点が思い浮かぶ。①真の宗教間対話の出発点を提示しているという意味において、そこでの議論はまさに「宗教間対話以前」の事柄についての議論である。②西洋的諸前提を見いだせるのは多元主義だけではない。森本氏が多元主義を批判する根拠となっている『他宗教』の包括主義的立場にも、同様の前提がかなりあるのではないか。③「諸宗教がその独自性と唯一性を承認されると、他宗教がなす同様の確信の表明を尊重できるようになる」というのは、たしかにそう言えるかもしれない。しかしながら、現実の諸宗教を見ていると、なかなかそのようにはならないのではないか、という懸念もいだく。④論文の最後で、真の多元性の認識を徹底化させるために、諸宗教間の「異質性の認識」の重要性が強調されている。筆者たちはこの主張にまったく賛成である。

そこで、これらの四点も考慮に入れながら、「いかなる宗教も信じてはいない筆者たちが宗教間対話に対して何をなしうるか」について述べておきたい。このように言えば、「どの宗教も信じていない者に宗教間対話について語る資格はない」「語るものがないではないか」という批判を招来するかもしれない。また、主観を排除し、すべてを客観的に見渡せるような視点に筆者たちがたつことができる、とは思っていない。これは不可能である。しかしながら、宗教間対話に対して筆者たちは何をできるかについて、一点だけ述べておきたい。

宗教間対話を成立させるための最も重要な要素は、言うまでもなく、言語である。けれども、宗教間対話が成立するための〔広い意味での〕言語哲学的諸条件については、これまでほとんど語られていない。これらの諸条件について思索をふかめ、宗教間対話を成立させる「場」についての理論を構築したい、と筆者たち〔とくに星川〕は考えている。森本氏は、上記の異質性の認識が「おのおの〔宗教的〕言語ゲームの部分的な開放性を、またそこに生起する異なった解釈の地平の融合の可能性を指し示している」と論じ、「諸宗教間対話はここから出発する」と結んでいる。筆者たちは、この出発点の構築に向けてなにがしかの貢献をしたいのである。

付記2——宗教間対話を成立させるための「場」や「言語哲学的条件」について研究するために、数学者や情報科学者などもふくめて、二〇〇六年にプロジェクトを立ち上げた。数学や論理学や情報科学のモデル論などの知見も利用しながら、この問題ととりくんでみたい。ただし、どのような成果を得られるかは、現在のところ不明である。

「グローバル化」と「宗教のアイデンティティ」

二〇〇二年九月、日本宗教学会第六一回学術大会が大正大学（東京・西巣鴨）で開催され、筆者たち（星川と山梨）は、特別部会の一つ「二一世紀における諸宗教の共存とアイデンティティの問題」のコーディネーターおよび記録係を務めた。発表者として、キリスト教研究者の芦名定道氏（京都大学）、イスラーム研究者の塩尻和子氏（筑波大学）、仏教研究者の高田信良氏（龍谷大学）をお招きした。また、コメンテーターとして、宗教哲学者の間瀬啓允氏（東北公益文科大学）、イスラーム研究者の鎌田繁氏（東京大学）に参加をお願いした。三時間以上の長丁場ながら、常に一〇〇名を超える聴衆の熱気に溢れて、たいへん充実した部会となった。

以下では、この特別部会をふりかえりながら、「グローバル化」と「宗教」とりわけ「宗教のアイデンティティ」について考えてみたい。

「グローバル化」とは何か

グローバル化は現在も不断に進展している事態である。けれども、研究者の間で共有されている統一的なグローバル化概念はない。たとえば、ウォラーステインはグローバル化を「資本主義による世界の単一化」として捉えるがゆえに、彼には「グローバル化を宗教や文化と結びつけて理解しよう」とする姿勢はあまり伺われない。ギデンズは宗教や文化について発言しているのだが、時間的に比較的短い観点から、「近代の帰結」としてグローバル化を考えている。しかし、ロバートソンは非常に長期にわたる観点からグローバル化を論じ、「グローバル化は近代化に先行した」と主張するうえに、グローバル化を宗教や文化と密接に関連づけて考察している。このように、研究者によってグローバル化の把握の仕方が異なるのが現状だ。

ところで、われわれ一般人の間でも「世界は縮小した」という感覚がもたれるようになっている。つまり、よく耳にするように、交通手段の発達は、これまでとは比較にならない規模で、国境や地域を越える人的・物的交流を拡大・促進した。また、通信手段の高度な発展により、膨大な情報はリアルタイムで世界中をかけめぐるようになった。さらに、世界中の大都市では、異なる宗教を信仰する者同士が隣の家に住んでいるのは、当たり前の風景となりつつある。

こうした現代の社会状況を踏まえながら、グローバル化を「いっそう頻繁になる諸文化や諸宗教の交流や相互依存」として理解しようというのが、特別部会の参加者たちに前提とされていた観点であった。

グローバル化の進展により、諸宗教の多元性（複数性といったほうが的確かもしれない）はますます顕著になっている。そうであれば、いっそうグローバル化がすすむ二一世紀においては、「諸宗教の多様性・異質性にいかに対応すべきか」「諸宗教はいかにして平和裡に共存していくか」という問題の解決にヒントをあたえることが、諸宗教の信者たち、および宗教に関心を寄せる学者・政治家・知識人たちに課せられていることになろう。「グローバル化に対して、諸宗教はいかに主体的に対応するのか」。これが各発表の主題の一つであった。

「宗教のアイデンティティ」とは何か

　宗教のアイデンティティは、「信者の主観的意識」と「客観的基準」の両者から成っており、どちらか一方に還元することは現実にそぐわない。また、宗教は共同体的・公共的な側面と個人的・主観的な側面との二つの側面をもっており、個々の信者は宗教の共同体的・公共的側面（客観的基準）を自分のなかに内在化する一方で、共同体的・公共的な宗教は個々の信者がいなければ成立しない。

　しかしながら実は、芦名氏も述べるように、「宗教をアイデンティファイするための客観的基準ですらも、個人によって多様な解釈が可能となる」。そうすると、客観的基準ですら、字義通りに「客観的」であるというわけにはいかない。反対に、個人の主観的意識であっても、それはその外部にある客観的基準を内在化したものであることは否定できないから、個人の意識においても、宗教の共同体的・公共的性格はどこまでも残ることになる。一言で述べれば、宗教のアイデンティティは「信者の主観的意識」と「客観的基準」の両者から成っているが、いずれも流動的なものであり、クリアーカットな形で宗教のアイデンティティを取り出すことは至難の業だということである。

けれども、「こうした宗教のアイデンティティが、グローバル化においてまたそれに付随する宗教の多元的状況の中で、どうなっているのか、揺らいでいないのか」と問うことは重要であろう。各発表者には、キリスト教・イスラーム・仏教の立場から、それぞれの宗教のアイデンティティの現在についてもお話しいただいた。その際、アイデンティティのひとつの核となるであろう「教理」がひとつのポイントとなった。

アメリカの神学者リンドベックは『教理の本質』（ヨルダン社）という著作のなかで、教理の「内容」とその「表現形式」とを峻別している。言いかえれば、「〈同一の教理内容〉はさまざまな用語・術語・概念をもちいた多種多様な文章で表現できる」というのである。ここから演繹されるのは、「時代が変わろうと、地域が変わろうと、キリスト教の根本的な教えは生き続ける」「時代や地域に応じて教理の表現が異なっても、教理の根本的な部分は保持されつづける」という見解である。

諸宗教は社会のなかで存在してきた、という事実がある。また、今後もこの事実は変わらないだろう。だとすれば、宗教はかならず社会からの影響を受けることになる。宗教の

「教理」も例外ではない。グローバル化、宗教の多元性の認識、そういったものの影響を教理・教義・教学（以下「教理」で一括）も受けるのだ。そして、それらへの対応の仕方のひとつが、「教理が語る〈内容〉とその〈表現形式〉とを峻別し、社会状勢の変化に対応しながら（表現や術語を変えながら）、教理の本質的な部分を保持しつづける」ことである。「これをいかに具体的に実践するか」という問題が焦眉の急となっている。実際に、キリスト教・イスラーム・仏教では、アイデンティティの問題と絡んで、この「教理」の問題はどうなっているのだろうか。

これで、本節での議論のための準備は整った。以下では、それぞれの発表のポイントを、筆者たちの興味にしたがいながらまとめてみよう。

キリスト教のアイデンティティ

キリスト教のアイデンティティを論じる場合、芦名氏によると「現代のキリスト教思想においては、アイデンティティを状況との相関性において理解するという試みが見られる」

という。ティリッヒやモルトマンに代表されるような試みのことだ。彼の主張の要約は次のようになる。われわれは「特定の歴史的時点においてキリスト教の本質がまず存在し、それが歴史的過程において分化あるいは逸脱したという見方」を採りがちだ。しかし、これは事実に反しているのであり、現代のキリスト教思想においては、「歴史的に多様な現象形態において徐々に形成発展する〈ゆるやかな自己同一性〉として、キリスト教を内的に様々な緊張を伴いながらもダイナミックに展開する運動体として理解する」という試みがなされている。

当然、教理に関しても、その形成・変化・解釈の多様化のプロセス全体が問題になるが、近代以降のキリスト教では、神学の個別テーマの議論に先だって、「そもそも何が真性の神学的問題であり、それを論じるための適切な方法あるいは議論の基準が何であるのか」というメタ・レベルの問題が、前面に現われてきている。こうした背景にあるものはいったい何かといえば、「神学の理論構成には複数の可能性が存在する」という多元性の認識に他ならない。そして、この傾向は、現代のグローバル化によって、さらに促進されつつある。

キリスト教内での対話つまりエキュメニズムは、スムーズにおこなわれるかもしれない。

しかし、宗教間対話となるとどうだろうか。宗教間対話は、芦名氏も言うように「すでにかなりの長い実践と理論的取り組みを有しているにもかかわらず、期待したほど進展を見せていない」のが現状である。

けれども、アジアの宗教的多元性の下における宗教間対話の事例に、宗教間対話のひとつの可能性・方向性を見出すことができる。そこに見出せるのは、「同じ社会で同じ共通の課題〔たとえば貧困の解決〕に直面しつつ生きているという意識、他者を同一の課題を担い合ったパートナーとして理解するという意識」である。こうした「共に生きている他者への関心」に支えられるときに、宗教間対話は実りあるものとして機能しうるに相違ない。そして、その成果は、それぞれの宗教伝統の新しい変革を生み出す源泉となるのである。だとすれば、「宗教間対話は、アジアのキリスト教にとって、新しいキリスト教形成の場として位置づける可能性を有している」ように思われる。

筆者たちの観点から言えば、「諸宗教の信者が共有する未来社会をどのように協力しあいながら構築していくのか」という問題と取り組むことを通して、宗教間対話は、キリスト教のみならず、アジアの諸宗教にとっても、自らのアイデンティティ探求の場となることができるのである。

イスラームとの平和共存

塩尻氏は「グローバル化を宗教のもつ本質」だと述べる。「普遍宗教として拡大した宗教には、仏教も含めて、当初から〈グローバル化〉という特徴があった」。この意味の「グローバル化」とは、「人間ならだれでも」あるいは「生きとし生けるものすべて」ということと深い関係にある。この立場にたちながら、彼女は「普遍的宗教がその本質としてもつグローバル化と、現代のグローバル化とのあいだには、決定的な意味の相違がある」と注意をうながした。

また、今日の世界で最も差し迫った諸問題の多くには、イスラームが絡んでいるという点については、異論はないだろう。塩尻氏も「イスラームの内と外とで相反する意識が、現代社会の政治的・経済的混乱の背後に横たわっており、しばしば複雑な民族紛争や宗教対立の引き金になっている」と述べている。多元化しグローバル化した世界におけるイスラームとは何か。イスラームは今後の世界の動向にどのような役割を果たすのか。どうすればイスラームと諸宗教の平和的共存が可能となるのか。

鎌田氏はこうした問いかけに対して、「現実的な対応をとるべきだ」と主張する。現実を見渡してみれば、「異なる宗教を信じる者たちが平和裡に共存している状況のなかでも、他者の宗教の教理の理解は欠如している場合が多い」。また、「現実の宗教は観念から成り立つのではなく、全人間的な営みに基礎をもつもの」である。そうであるならば、異なる宗教の信者たちが平和に共存していくためには、「教理の論議は重要ではなく、現実の宗教者同士がロゴス的な議論なしに共生するような場を設けるのが重要である」というわけだ。

しかしながらこの一方で、鎌田氏は「現実的な対応をとりながら、それぞれの宗教が自己の遺産の蓄積のなかから、より根元的に他者を受け入れることができるような教理を展開すべきであろう」とも提言している。そして、現代ではあまり顧みられないが、議論を超える沈黙の意義を知る神秘家イブン・アラビーの開かれた宗教観を紹介する。


私の心はどのような形をとることもできる。それは羚羊の牧場であったり、キリス

ト教修道士の修道院であったり、
また偶像のための寺院、巡礼者のカーバ神殿、トーラーの書板、クルアーンの書物でもある。
私は愛の宗教に従う。愛の駱駝がどの道をたどろうと、それが私の宗教であり、私の信仰である。

もちろん、イスラームに限ったことではないが、自宗教の唯一性を主張する教理の解釈を緩める方向に向かうことは、そう簡単ではない。しかし、「後世の学的努力の結果である解釈の総体を再吟味することは原理的に可能である」。そして、近代以降、現代においてもさまざまな解釈の試みが続けられているのであれば、「このなかから、社会の変化に対応したイスラームの再定式化を期待すること」ができよう。イスラームの柔軟性に富む側面を右のイブン・アラビーの言葉は示している。聖典の解釈を通じて、これまでとは違った新しいイスラームが作り上げられる可能性が、未来にはあるのだ。
けれども、異なる宗教が平和に共存するということは、似たような側面をあげつらって相互理解をふかめることではない。たがいに共通する側面のみを提示して対話を促進しようとすることは、塩尻氏が鋭く警告するように、「神学的な対立や教義上の矛盾をはらむ点については問題を先送りするだけではないか」と危惧される。永続性があり実りの多い対話の構築のためには、困難ではあるが、「諸宗教の共通点と同時に相違点を、言いかえると宗教における〈普遍と特殊〉の問題を対等に、しかも敬意をもって学びあうこと」が求められる。

グローバル化の中の仏教

「〈浄土の真宗〉と〈キリスト信仰〉が異質でありつつも類似性を有していること」を指摘する高田氏は、「仏教の文脈を現在の言葉で語り直すこととしての〈諸宗教の教学〉は可能であり、また、志向されねばならない」と主張する。もちろん、仏教徒がキリスト教徒の論じる「諸宗教の神学」と同趣旨のものを求めるのは無意味だろうし、不可能だろう。けれども、現代の宗教的多元状況やグローバル化状況において、仏教徒が自身にとっての宗教（信）の危機を思索すること、つまり、仏教の本来性を求めての「新たな」自己理解を「諸宗教の教学」というならば、仏教の立場からの「諸宗教の神学」は可能だ、というのである。

右のような考え方をする高田氏の根底には、宗教の「普遍性」をめぐる次のような見解がある。彼によれば、キリスト教が「諸宗教の神学」特に「宗教的多元状況」（多元主義）を積極的に主張する理由は、次のようなものだろうという。①キリスト教は、他宗教（他信・異信）との共存（あるいは衝突・混在・併存）を直視するところで、広義の「神・真理・実在」などの概念を語ろうとすること。②そこから、キリスト教における独自の救済概念である「キリスト」の理解も、諸宗教が共有する（し得る）「宗教的救済」の視野の中で理解しようとする営為であること。③一般的普遍的な「神・世界・人間」論を語り、さらに、宗教的真理／救いのことがらも「普遍的な」ことがらとして語ろうとする場においては、（他宗教の立場に立つ人も、この「普遍性」は共有しているはずなので、との論法で）他宗教との対話の可能性を見いだそうとすること。

高田氏の試みを一言でいえば、これまでキリスト教の立場からなされてきた「諸宗教の神学」を、仏教の立場から再構築しようというのである。もちろん、まったく「同主旨」「同一」のものを構築しようというのでは決してない。あくまでも彼の信仰／仏教（浄土真宗）の立場に立脚するものである。そうした試みの根拠となるものは、明確な形では言明されてはいないが、浄土真宗がもつ「普遍性」ということになろう。だからこそ、高田氏は「〈浄土の真宗〉と〈キリスト信仰〉が異質でありつつも類似性を有している」と明言できるのである。こうした彼の見方には、先に見た塩尻氏の見解と共通するものがあるかもしれない。

以上で、三つの発表の内容を筆者たちの関心にもとづいて、紹介してきた。以下では、二一世紀における宗教とグローバル化の関わりを展望しておきたい。

今後の展望

二一世紀における諸宗教の共存のための最大公約数的なシナリオを描くとすれば、間瀬氏も述べているように、おそらくその核心は「特定の宗教に唯一の絶対的な真理があるという考え方を放棄すること（唯一主義の放棄と宗教の自己変革）」と「他者の存在の容認という原理の再確認とともに寛容の精神を共通の目標とすること（寛容の精神と他者認識の確立）」との二点だろう。このシナリオの実現のために必要なのが宗教間対話である。そして、彼の見解では「対話の土俵となるのが多元主義的な宗教理解・信仰理解であり、さらに対話の要件となるのが諸信仰理解のための教育である」。

前述したように、ますますグローバル化がすすむ二一世紀においては、「宗教の多様性・異質性にいかに対応すべきか」「諸宗教はいかにして平和に共存していくか」という問題の解決が、諸宗教の信者たち、および宗教に関心を寄せる学者・政治家・知識人たちに課せられていることになろう。そのためには、「諸宗教・諸信仰との対話に開かれた宗教教育」の充実が、今後は図られねばならない。

さらに、間瀬氏は「諸宗教のグローバル化・普遍化を見据えて、諸宗教のローカル化・特殊化・多元化を自覚することが大切である」とも説く。

しかしながら、筆者たちが思うに、「諸宗教のローカル化・特殊化・多元化」ならびにその認識にもとづく「アイデンティティ」には注意が必要である。最近の議論を見ればわかるように、すべてを統一・同質化するグローバル化への反発として、自らを他と差異化すべく、宗教と結びついた新しいナショナリズムが勃興してきている（常にナショナリズムと宗教が結合するとは限らないが）。

ここで面白い現象が生じる。すなわち、そうしたナショナリズムはグローバル化による「同質化」を免れようと、自分たちの「独自性」を強調したり他の集団との「差異化」を図ろうとしたりするのだが（ローカル化）、これは次に、本来さまざまな多様性を含むはずの集団内部を「同質化」することにつながる。すなわち、「同質化の反対をいけば同質化から免れられる」と単純には考えられないのである。もし「多様性」を容認することが現代世界の動向であるとすれば、一宗教内にも多様性を容認すべきではないか。

また、間瀬氏は「普遍化のベクトルに対峙する別のベクトルは、グローバルとローカルの二つの関心事を統合した〈グローカル〉である」とも主張するのだが、実際には対峙する二つのベクトルをいかに調停すればよいのだろうか。これは、やはり一筋縄ではいかない、難しい問題とならざるを得ないであろう。

ここで改めて問わねばならない。現在におけるグローバル化とは何であるのか。とりわけ宗教とのかかわりで、グローバル化はいかに捉えられるのか。

「現在のグローバル化」においては、問いの立て方やものの見方が、近代的なものの考え方やその前提（たとえば国民国家を前提にしたものの見方）に依拠していたものから、次第に変わってきている、ないしは変わらざるをえない（どう変わるかは議論のあるところだ）。それゆえ、宗教間対話や宗教の多元的状況や宗教のアイデンティティの問題をめぐって、「現在のグローバル化」にふさわしい視点の取り方や考え方が必要な時期にきている、と言えるだろう。こうした意識が今回の特別部会ではやや足りなかった、と筆者たちは反省している。このようなことが、今回の特別部会を通して見えてきた、次に取り組むべき課題である。

付記――本特別部会の成果は、星川・山梨共編『グローバル時代の宗教間対話』（大正大学出版会、二〇〇四年）という論文集として公刊された。

第6章　諸宗教の「真理」と平和的共存

戦争と宗教間対話

第5章で言及した『キリスト教は他宗教をどう考えるか』の訳者である森本あんり氏(国際基督教大学)から、「私が担当する〈キリスト教倫理〉という授業で、一度しゃべってみませんか」というお誘いを受けた。その授業の目的は「キリスト教倫理の主要問題および現代の諸問題に対するキリスト教倫理の接近のしかたを考察する」となかなかものものしい。驚いたことに四時間ちかい長丁場の授業だったが、前半を「戦争と宗教間対話」、後半を「真理と宗教間対話」として、講義をはじめた。

宗教間対話について話すには、どうしても宗教間対立について話さなければならない。そうなると、種々の批判はあっても、ハンチントンの『文明の衝突』(集英社)が絶好の話題を提供する。そこで、この本を下敷きにして七つのトピックを構成した。①文明とアイデンティティを規定する宗教、②宗教の復興、③イスラムの復興、④イスラムの反西洋主義、⑤戦争とアイデンティティ、⑥宗教は戦争の「原因」か、⑦宗教間対話と諸宗教の平和的共存。

この七つは密接に関わっているが、特に問題にしたかったのは⑥である。ハンチントンによると、宗教は文明やアイデンティティのもっとも重要な源泉であり、宗教の境界線（フォルト・ライン）での戦闘は激しく、深刻で、長期にわたるという。特に東西対立なき冷戦後では、みずからのよりどころとしての宗教の復興は顕著であり、しかもパレスティナ問題、北アイルランド紛争、スリランカ民族紛争、スーダン南部問題、ボスニア＝ヘルツェゴビナ紛争、マルク宗教抗争、アメリカ大使館爆破事件、アメリカ同時多発テロ事件などのように、宗教が戦争・紛争・テロと関連づけられて問題視されることが多い。しかし、「宗教戦争」だとか「宗教が戦争の原因だ」とよくいわれるような意味で、宗教自体が戦争の直接原因であるか否かとなると、熟考を要す。

ひょっとすると、ハンチントンならばこの問いに肯定的に答えるかもしれないが、金井新二氏のように、否定的に答える宗教学者もいる。現実の紛争は複雑だ。一例をあげれば、パレスチナ問題は、イスラエル建国に由来する領土問題でもあるが、聖地エルサレムをめぐる宗教問題でもある。宗教の勢力争いも、アラブ諸国の主導権争いも、資源の争奪も絡んでいる。宗教が戦争の直接原因であるか否かを決定する基準を、明確に述べることはできまい。しかし、金井氏ですら「戦争をしている人々が文化伝統や宗教に訴えたり、また宗教から励まされたりしていること」は「事実である」と明言しているように(『現代宗教への問い』教文館)、宗教が戦争に関係していることは事実であって、問題はその関わり方を考えることにある。

たとえば、もし宗教が戦争に(聖地奪還や異教徒の征伐という)正当性をあたえ、味方の連帯を強め、異なる宗教間では相互理解が困難であるがゆえに和解を難しくするのであれば、平和を求める宗教間対話についての考察を深めるのは意義ある方向性だろう。それが相互理解と和解を促進し、戦争の正当性を相対的なものにすることは、少なくともありそうである。第5章でも述べたように、「争いや迫害に宗教がかかわることは、宗教間対話をとおしてかなり阻止できる可能性がある」というわけだ(もちろん、そううまくいくとはかぎらない)。

もとより、個別の紛争には個別の要因がある。したがって、学生諸君には、宗教間対話が紛争や対立を防止したり緩和したりするとすれば、それはどのような場面においてかを常に考えるようにしてほしいと、述べておいた。

真理と宗教間対話が成立する「場」

どんな場合でも「真理」というものはやっかいである。「真理」という言葉自体いろいろな意味で使用されていて、どう述べても曖昧であることを免れない。しかし、筆者が述べたかったことは、「自分の宗教こそ真理の表現だ」と信じるからこそ宗教を信じている人たちに、「一度みずからの従来の真理観を批判的に見てほしい」ということであった。特に学生諸君に提言したのは、「真理が、一つの宗教の内部で、人間を超越するもの（それがいかなるものであれ）との対面のみによってもたらされる」という、いかにも宗教的な考えを放棄してはどうか、ということだ。

言い換えれば、真理は、一つの宗教内部における、人間ならざるものとの相互関係に関わる事柄ではない。むしろ、ある宗教の真理はほかの宗教との対話を通じてさらに深められる。宗教の真理は静的なものではなく、動的なものであり、これは宗教間対話によってはぐくまれる。このように考えられないかと、問題を投げかけたのだ。これは、筆者自身としても根拠ある説明というのではなく、むしろ挑発である。

この挑発に応じてくれたのか、ある学生から「自分は、きわめて異質な宗教同士の間での対話が一番実りあると思う」という意見が出た。「実りの多さ」は、宗教間対話において一考すべき事柄だ。そもそも何がどうなれば「実り多い」のかわからないからである。

しかし、その問題はおいて、「対話」という見地からいえば、あまりに異質であれば対話や相互理解が成立する可能性がきわめて低いかもしれない。反対に、あまりに似ていると対話する意義もそれほど大きくないかもしれない。とすれば、「もっとも実りある宗教間対話は、ある程度異質で、ある程度似ている宗教の間でおこなわれる場合ではないか」とひとまずいうしかないのである。

では、そのような宗教間対話はどんな「場」でおこなわれるべきか。

正直にいって、筆者にはこの問題への結論がいまだにでていない。したがって、いままでひとつの作業仮説として進めてきた見解を、率直に話すしかなかった。

すなわち、宗教に関する言明を「第一次水準の言語」（対象言語）と「第二次水準の言語」（宗教的メタ言語）にわける。前者は「神が存在する」「神は世界を創造した」というような、自分が信じている宗教で普通に使用している言語のことである。後者は、自分が信じている宗教から意識的に距離をおき、それについて反省的な眼差しをむけながら、かつ他宗教も眼界にいれながら語られる「説明言語」のことである。言い換えれば、自分の宗教の言説を対象化し、それについて、もう一段レベルのあがった水準で、自分と相手の宗教について語る言語である。第一次水準の言語のレベルでは、相互理解や対話の可能性はないだろう。しかし、第二次水準の言語のレベルで

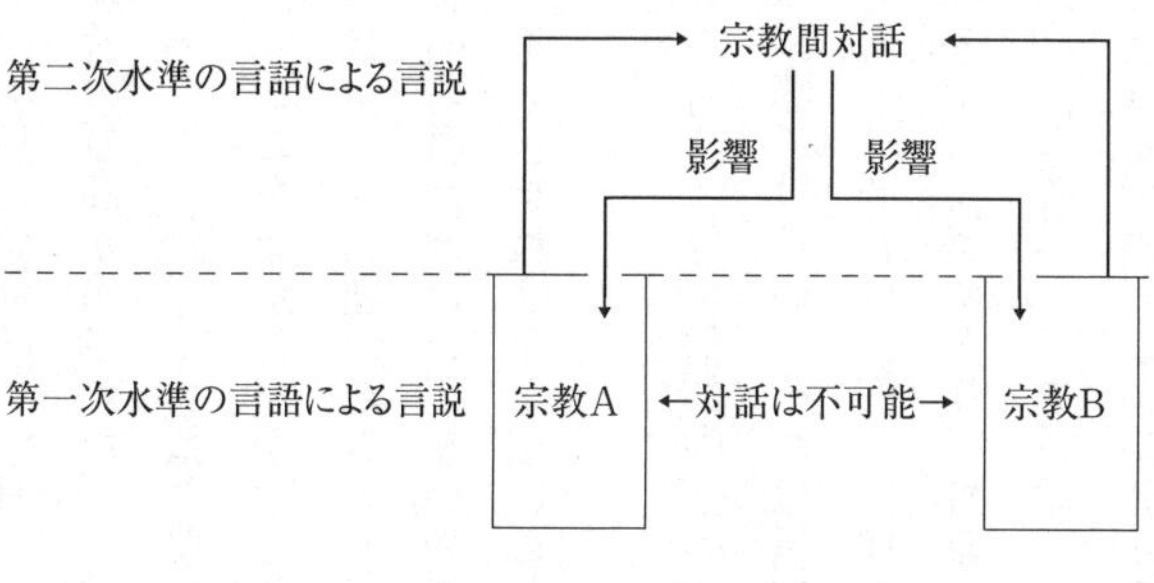

は、それらが可能になるのではないか（拙著『言語ゲームとしての宗教』勁草書房、参照）。

ところが、二人の学生から、表現は違うが、最終的に同じ趣旨の質問が出された。一言でいえば「そのような第二次水準の言語など存在しないのではないか」ということである。学生の質問にはそれなりの答えをしたつもりだが、内心「やはりここを突かれたか」と苦笑を禁じえなかった。「対象言語」「メタ言語」と分けて、後者は「説明言語」だといっても、やはり信仰を伴っている。だとすると、価値中立的な「説明言語」とはいえないのではないか。これは正しい。今後は、この部分をソフィスティケイトさせねばならないことを痛感した。

ただし、不充分ながら現在の筆者の考えをいうと、この「メタ言語」は、信仰内部の言語であることは確かだが、「対象言語」と同じではないし、無意味ではない。それは信仰の外部へは出なくとも、信仰の内部を構造化・差異化するのである。それは信仰の内側からとはいえ、みずからの相対性や他の信仰の存在を理解しようとする言語であり、対象言語との差異によって、みずからの信仰に変革の契機をもたらす。つまり、「メタ言語」を宗教間対話の場として要請する理由は、相互理解にあるというよりも、お互いの宗教がみずからの信仰を自覚し変えてゆくだけの構造的ダイナミクスを獲得する点にある、というべきなのである。

宗教はなぜ暴力を正当化できるのか

宗教学者は宗教をさまざまに定義している。しかしながら、それらの多くを貫いて、諸宗教に見られる「秩序」「コスモス」の重要性が強調されている。便宜上、宗教の世界を、完全で秩序があり、すべての物事を意味づけることができる世界だとしてみよう。これに対して、われわれの日常世界を、不完全で秩序がなく、あらゆる物事に意味付けできるわけではない世界だとしてみよう。そうすると、多様な宗教現象はこの二つの世界の拮抗関係・緊張関係のあらわれだと言える。

さらに、宗教同士の対立や闘争は「聖なる秩序」「聖なるコスモス」同士のぶつかり合いとして捉えることができるだろう。ある宗教がほかの宗教を自分の意味世界のなかに抱摂できない場合には、これを「無秩序」なものと見なすことがあってもおかしくはない。このことが、後述するように、宗教の衝突が人の命をうばう理由の一つである。

シーク教の戦士、ビンドランワレ

パンジャブ地方のシーク教徒の戦闘的な指導者の一人に、ビンドランワレという人物がいる。ユルゲンスマイヤーの『ナショナリズムの世俗性と宗教性』（玉川大学出版部）によれば、ビンドランワレは「インド社会の状況が道義的共同体という感覚の欠如によって特徴づけられている」「腐敗する以外には何の能力もない政治家たちによって社会が導かれている」と考えている。その一方で、「この絶望は宗教的政治革命によって癒されることができ、これこそが新しい政治と新しい道義的秩序を導入する」とも考えている。こうした見解は、ビンドランワレのみならず、世俗的ナショナリズムに抵抗している宗教指導者の多くがいだくものであろう。

ビンドランワレはきわめて戦闘的な活動をしているが、その彼も「シーク教徒にとって、誰であっても武器を所有し人殺しをすることは、大いなる罪である」ことを認めている――もともとシーク教の伝統は、平時には非暴力を称賛し、人の生命を奪うことを禁じているらしい。しかし同時に、「異常な状況のもとでは、ときにより暴力行為は正当化される」「武器を所有していて、しかも正義を求めないことは、さらに大きな罪である」とも語っている。かなりの宗教指導者たちはこの意見に同意すると思われる。「宗教的正義」が存亡の危機にさらされているような状況では、殺人をふくむ暴力・戦闘を容認するようになるのだ。

「いかなる状況にあっても、暴力・殺人はいけない」というのが一般的な良識だろう。けれども、「宗教的正義」がおびやかされるとき、この良識が妥当性をもたなくなる場合も出てくる。「聖なるコスモスの敵に対して暴力を用いる場合には、攻撃目標となった個人の生命は重要ではない」ということにもなる。敵の集団に属していると見なされる場合には、子供・老人・病人・怪我人・傍観者、誰であろうと攻撃の対象になる可能性がある、ということだ。理不尽であろう、悲惨であろう、耐えられないであろう。しかし、聖なるコスモスを守るために、実際にこうしたことが過去におこったこと、現在おこっていることは、歴史が教えているとおりである。

宗教がからむ戦争と迫害

世界の歴史をふりかえってみると、諸宗教がなんらかの暴力的・戦闘的な要素をふくんでいることは、否定できない事実である。旧約聖書に詳述されているもろもろの血なまぐさい征服の話、キリスト教におけるイエスの十字架上の死、ヒンドゥー教の叙事詩に描かれている数々の戦い、シンハラ仏教徒のパーリ語の年代記にしるされているさまざまな宗教戦争、シーア派イスラームにおけるフサインの残忍な殉教など、例をあげればきりがない。こうした事例を見渡しながら、ユルゲンスマイヤーは「宗教的象徴は血で汚されている」「これらの大事件はすべて、実質的にあらゆる宗教伝統において、暴力のイメージが中心的な役割を担っていることをしめしている」（前掲書）と主張している。

西洋のキリスト教に話を限定すると、とりわけ宗教改革のころから、カトリック教徒・ルター派・カルヴァン派・ユダヤ教徒・イスラム教徒などが、寛容（信教の自由）と非寛容とをめぐって、さまざまな事件・紛争・戦争をひきおこした。とりわけ、プロテスタントとカトリックの間での闘争や非寛容は、結果的に寛容思想の発展に寄与した面があるのは否定できないけれども、その数や規模や残酷さにおいて凄まじいものがある。これらについては、例えばカメンの『寛容思想の系譜』(平凡社)に詳しく書かれている。

キリスト教がその内外を問わず非寛容・対立・闘争といったことに結びつく背景には、いったい何があるのだろうか。その一つとして、神学的・思想的背景があることが想像される。もちろん、宗教がかかわる紛争や戦争には政治的・経済的・社会的・歴史的諸要素が複雑に交錯しあっていることは、言をまたない。

キリスト教信者の読者は反論するかもしれないが、カメンは次のような指摘をしている。アウグスティヌスは、苛酷な拷問や死刑に断固として反対しながらも、究極的には排他的な真理を主張し、異端者や不信者にたいしては、かなり厳しい態度をとった。彼はたとえば「正しい迫害があり、これはキリストの教会が神なき輩に対して用いるものである。教会は愛の心から迫害する」と論じている。アウグスティヌスの教えは、後世の宗教的非寛容の擁護者たちにとって一つの拠り所となったのだ。さらに、メンシングは、ユダヤ人とその公共施設にたいして非寛容であったルターの言葉を紹介している――「彼らのシナゴーグ〔ユダヤ教の教会〕あるいは学校に火をつけ、燃え尽きようとしないものに土を盛れ。

……このことを、我らが主と全キリスト者の名誉のためになせ」（『宗教における寛容と真理』理想社）。

ある地域なりある時代なりある階級なりに「正統」とされる宗教――なにが正統であるかを決定するのはいろいろ複雑な問題をはらむが――を信じないもの、つまり異端者・異教徒・不信者・無神論者などにたいする厳しい対応が、キリスト教やこれ以外の多くの宗教にも見られるとしても、なんら不思議ではない。これは多様な宗教に見られるかなり一般的な傾向であろう。どうしてそうなのか。そのなかでも、異なる宗教同士の場合に焦点をあて、これを「聖なる秩序」「聖なるコスモス」のぶつかり合いという視点から検討してみよう。

宗教はなぜ暴力を正当化できるのか

ユルゲンスマイヤーは、次のように論じている。

宗教的暴力の大半は戦争のようなものだ。宗教戦争は「敵方の成員たちを犠牲者として屠り、味方の成員を殉教者として捧げる、供犠と殉教の混合種だ」と考えられる。しかし、身の毛のよだつ連祷の背後には、犠牲と殉教の双方、および、さらにはるかに大きなもの、すなわち聖なるものと俗なるものとの二分法の理念がある。この壮大なコスモスの両勢力——究極的な善と悪、聖なる真理と虚偽——の遭遇は、一つの戦争であり、この世のもろもろの争いは、もっぱらそれを真似るのである。(前掲書)

ユルゲンスマイヤーは直接には聖(宗教)と俗(世俗的ナショナリズム)の拮抗を分析しているのだが、右の視点は本節の議論にも応用できる。すなわち、宗教と宗教の対立は秩序のイデオロギーの対立として分析できるのだ。宗教がからむ戦争は「壮大なコスモス」同士の対決とか、「究極的な善と悪」「聖なる真理と虚偽」の闘争とみなすことができるというわけである。

ある宗教はその信者にとってかけがえのない秩序だと考えられる。また、宗教は無秩序を意味づける、ないしは、それを自分独自の秩序のなかに取り込むという機能をはたす。

そうだとすれば、二つの宗教が対立関係にあるとき、二つの宗教がたがいに相手の宗教を自分の意味世界のなかに抱摂できないときには、たがいに相手を「無秩序」なものと見なすことはかなり自然なことであろう。

秩序は無秩序を許容できないと思われるから、こうした場合には、対立はきわめて根深いものになり、最悪の場合には相手を殲滅させることで、無秩序を自分の秩序のなかに取り込むということになる。相手を殺傷するという非人道的にみえる行為にも、「われらの神のために敵を撲滅した」などと宗教的意味付けがなされ、暴力は正当化されることになる。さまざまな文献を博捜しながら、ユルゲンスマイヤーも、宗教がからんだ戦争における「敵」は「世界において、まったく分類のできないようなものをふくむ、混沌とし不確実であるものを代表する」という。つまり、無秩序の象徴が敵として描かれているのだ。敵が無秩序の象徴であるとすれば、「それを消滅させてもかまわない」という判断がなされても不思議はない。

しかしながら、さらにここで一歩踏み込んで、以下のことを付け加えておきたい。それは、ある宗教がみずからと異質な宗教を排撃するのは、相手が無秩序だからではなく、むしろ自分と同じ秩序だからという一面があるのではないか、ということだ。敵対する宗教もじっさいには一つの秩序なのだから、みずからの宗教が相手の宗教によって無秩序だと見なされ、相手によって殲滅させられ、相手のなかに取り込まれてしまう、という恐怖が戦いにまきこまれた信者たちにあるに違いない。つまり、敵対する宗教を無秩序とみるみずからの姿勢が、おなじように相手にもある。相手を無秩序とみることと、みずからが無秩序とみられることとが表裏一体になっているのだ。

誤解のないように言っておくが、宗教がいついかなるときでも暴力的・好戦的・戦闘的だというのではない。むしろ、こうした状態になるのは、ビンドランワレが述べていたように、例外的なことだと思われる。人間であれば誰しも平和で平穏な生活をのぞむことは、言うまでもない。けれども、時として、宗教の暴力的・好戦的・戦闘的な側面が前面に出てくる、というのも歴史が教える事実である。

宗教と紛争・闘争・戦争とを短絡的にむすびつけることは間違いである。政治・社会・経済・歴史などにかかわる諸要素を考慮にいれなければならない。このことは筆者もじゅうぶんに承知している。しかしながら、ここで論じたこと、すなわち、聖なる秩序同士のぶつかり合いには、殺戮・戦闘を肯定しさらにそれをみずからの聖なる秩序のなかで位置づけるという側面があることは、宗教がからむ紛争・闘争・戦争にとってきわめて重要な側面であろう。

宗教における「寛容」とは何か

宗教間対話について考察するためには、多種多様なものを考慮にいれなければならない。たとえば、他者理解・諸宗教の教理・翻訳可能性・共通の地盤の構成・信教の自由・宗教間の勢力争い・宗教的真理など、きりがない。本節では、「真理」の問題とからませながら、「寛容」の問題に焦点をしぼりたい。

自分の宗教と違う宗教を信じる他者にたいして、人はかならずしも好意的な態度・対応をしめすわけではない。これは人類の歴史が証明している。また、自分が信じている宗教の信者たちと生きている場合には安らぐことができるが、そうでない場合にはなかなか安らぎを覚えられないことも多かろう。国際化やグローバル化がすすむ今後の世界において、諸宗教が共生・共存してゆくために、「寛容」はこれまで以上に避けては通れない事柄となるに違いない。

西洋における「寛容」概念

「寛容」という概念は、西洋においてはかなり昔から存在してきた。「寛容」は、一六世紀前半の「宗教改革」の結果さまざまな宗派の対立が生じてから、とくに尖鋭なかたちで西洋で問題とされるにいたった。ひらたく言えば、カトリックとプロテスタントが喧嘩ばかりしていて、「おたがいに理解しあえないことがわかった」「これ以上対立を続けたらたがいに生き残れない」という認識から近代的な装いをまとった「寛容」概念が生まれた、とも言える。この意味で、現代における「寛容」は直接には宗教改革の産物とみることもできよう。

しかしながら、「寛容」とは、カメンにしたがえば「もっとも広い意味では、宗教において見解を異にする人々にたいし自由を与えることを意味するもの」（『寛容思想の系譜』）である。けれども、この概念は直線的な発展をしたのではなく、循環的・逆転的な発展をした。冒頭で述べたように、宗教間対話について考えるとき多種多様な問題がでてくるが、寛容について考えるときも同様である。たとえば、治安・自由主義・信教の自由・政教分離・経済の繁栄・国家の統一などである。けれども、寛容の場合には、基本的に、人間の外面にあるその時々の「権力機構」と、人間の内面的な「信仰の自由」との対立が事柄の核心であろう。

筆者の現在の興味は、主として、寛容をめぐる外面的な問題（政治的・社会的・経済的問題など）よりも、内面的な問題にある。さらに、宗教間対話が主題になってくると「寛容」の意味が右とは少し異なってくる。つまり、対話をするのは個人であり、個人の内面的な事柄がクローズアップされてくる、と思うのだ。

寛容がはらむ問題点

筆者の視点から、寛容概念のはらむ内面的な問題のいくつかを挙げてみたい。これらは相互にむすびつく。

①一見では寛容とみえる態度の背後には、「自分の宗教がほかの宗教にたいして優位

な立場にある」という、優越的な態度が隠されている場合が多いのではないか。だとすれば、なかなか難しいが、これは払拭されるべきであろう。

②人間には自己中心的なところがあり、この点が顕著になると批判される場合が多い。しかしながら、自己中心的な側面なしでは人間は生存しにくい。これは宗教にも言える。そうだとすれば、自分の宗教とは異質な宗教にたいして本当に寛容であることはきわめて困難である。

③「ある宗教は寛容か否か」という問題の立て方は、無意味であり、不可能である。ある宗教は一貫して寛容であったり非寛容であったりするのではない。言い換えれば、諸宗教は状況におうじて、他宗教にたいして寛容であったり非寛容であったりするというわけだ。

④寛容はいかなる状況においても、善いものとして肯定・推奨されるべきなのか。つまり、非寛容は絶対的に悪いものなのか。たとえば、キリスト教の歴史をふりかえってみれば、キリスト教を神学的に発展させた人々のおおくは、究極的に排他的・非寛容な側面をもっていた（もたざるをえなかった）のではないか。

以上のように、寛容というのは一筋縄ではいかないものである。しかし、筆者は「真理にかかわる人間の認識能力の限界についての自覚が、他宗教にたいする寛容の精神をはぐくむための推進力になる」と思う。以下において、これについて少し考察をくわえてみたい。

自己の認識能力の限界の自覚

単刀直入に「ある宗教の真理はほかの宗教との対話を通じてさらに深められる」「宗教の真理は静的なものではなく、動的なものであり、これは宗教間対話によってはぐくまれる」とは考えられないだろうか。さらに、人間の真理認識能力など、高が知れているのではないか。

じつは、こうした筆者の見解と結びつく見解が、すでに多くの人々によって語られている。たとえば、ボーヴァルはユグノーが原則的立場から寛容を擁護した最初の書物とされる『諸宗教の寛容』（一六八四年）において、宗教的排他主義をしりぞけ、「われわれは完全な真理についてそれほど確かでないのだから、意見を異にするという理由で他人を迫害することはできない」と説いた。また同じ頃、ベールは『歴史的・批判的辞典』(一六九七年)などにおいて、「われわれは絶対的な確実さや真理に到達することは不可能である。いかなる哲学的体系もたんに真理の一部分を与えるにすぎない。人々は、真理をめぐって基本的な諸点についてさえも意見を異にしている。したがって、われわれは絶対的に真理ではないところのものを無批判に受け入れる義務はなく、偽りをすら真理であるかに思っている人々を赦してやらねばならない」という旨を述べている。

普通の人間が知ることには限界がある。宗教的真理は、それがいかなるものであれ、完全には認識できないのではないか。もちろん、ある宗教の信者は「その宗教の真理を知ることができる」と言うかもしれない。けれども、真理にかんする一般の人間の認識能力には限界がある。それを自覚する場合には、他宗教を信じている他者にたいしても寛容になれる可能性がいっそう高まる、と思われる。

自分の宗教に排他的に固執すること

「寛容」を主題にした論文ではないが、カブの「多元主義を越えて」に見られる含蓄のある言葉を紹介しておきたい。彼は、キリスト教信者であり、仏教との対話に造詣がふかく、宗教間対話について多数の論文を発表している学者である。

諸宗教の伝統がおたがいの存在を知るようになればなるほど、たがいの良さを認める傾向が促進される。……そこでもたらされる新しい理解は、自己の伝統だけを学んでいたのでは得ることのできないものなのである。

多くの場合、人が他者から学ぶのは、まさに一人の信仰者として、真の智慧がどの特定の伝統の現有するものをも超えて豊かである、ということを信ずるからなのである。自己の属する伝統がこれまで達成したところのものを超える真理や智慧が存在するという信念は、本質主義と概念相対主義との二者択一を克服する根拠である。

ここに示唆されていることの一つは、素晴らしい「真の智慧」に近づくために、「自分が関与している宗教にたいして排他的に固執することに慎重になること」であろう。また、先に述べた「真理についての自分の認識能力の限界を知ること」を想起してほしい。もちろん、寛容についてはまだまだ論ずべき点はおおい。しかし、筆者としては、この二つの点に、他宗教や他宗教を信じている者にたいして優越感を払拭した真の意味で「寛容」になれる可能性を見出すことができる、と考えたい。おおくの宗教がさとしているように、人間とは、その真理認識能力の限界や自己に固執することもふくめて、儚い小さな存在である。だとすれば、こうした事実を自覚することによって、他宗教やそれを信奉する人々にたいしても「同胞」としての共感的感情＝寛容の心をもつことができるのではないだろうか。

ある宗教の信者がいかなる見解を保持しようとも、必ずやそれには絶対性を主張できない可能性がある。その信者は、他宗教の信者と対話することによってより奥深い真理に近づける、さらに自分の宗教を深化させられる、と柔軟に考えられないか。周知のように、宗教は自分の立場の絶対性を強く主張する。これは、その宗教が存在する理由でもある。

しかしながら、諸宗教の信者には、自分たちのものの見方や考え方にあまりにも排他的に固執することは避け、他宗教で語られる言葉に耳を傾けることが必要ではないだろうか。

ただし、誤解のないように言っておくが、これは自己の立場を放棄するということでは決してない。いま自分がたっている宗教的な立場の唯一性・独自性を保持しながらも、他宗教から何かを学び、自らの宗教の真理（観）をいっそう深化させていくところに宗教間対話の真髄がある、と言えよう。

「宗教の真理」について

宗教間対話について考察するさいには、諸宗教の真理・真理観を問題にせざるをえない。つまり、「自分の宗教のみが唯一・絶対の真理を述べている、自分たちのみがそうした真理に関与している」という頑なな態度に変更の余地がないかどうかを、検討してみる必要があろう。もしもある宗教が、他宗教の真理・真理観をいかなる形にせよ認めず、自宗教の唯一性・絶対性に固執するというのであれば、宗教間対話は成立しない。

また、キリスト教のなかには、神からの一方的な啓示を強調して、人間のほうから真理に向かうことを認めない立場もある。しかしながら、宗教は人間が存在して初めて意味をもつのであるから、人間によって宗教的真理が「作られる」「構成される」という側面も否定できないのではないか。部分的にせよ、宗教的真理が人間によって作られるとか構成されるというのは、多くの信者には受け入れられないかもしれない。けれども、「宗教間対話によって自らの宗教の真理が深められる」と考える筆者は、この点を強調しておきたい。

キリスト教とイスラム教にみる自宗教至上主義と両者の対話の可能性

キリスト教の場合、バルトの影響を受けたプロテスタント神学はおおむね排他的である。極端な場合には、「キリスト教でない宗教のうちに何か価値あるものを見ようとするどの試みも、無条件に放棄されねばならない」とまで主張する場合もある。メンシングの解説を引用すれば、排他的キリスト教は「これら〔キリスト教以外〕の宗教が何と名乗っていようとも、これらの芯の髄まで押し入るべきである。そして、どんなことが起ころうとも、髪の毛ほどもそれらの宗教の〈悪鬼〉を容認することなく、唯一の神についての、また失われた人びとに対する神の憐れみについてのその福音を告知すべきである」(『宗教における寛容と真理』)と主張するのだ。

この一方で、イスラム教も独占的真理要求を掲げる。イスラム学者の中田考氏は「イスラム教の異教徒の存在の許容は、あくまでも悟りの遅い愚者への猶予といった性格のものであり、異教徒の信仰がそれ自体価値を有するものとして尊重されるわけではない」（「イスラームにおける寛容」）という指摘をしている。これは、イゼトベゴビッチの「イスラム教は非イスラムのシステムとは両立しない。イスラムの宗教と非イスラムの社会的・政治的制度のあいだには平和も共存もありえない」（『イスラム宣言』）という断言にも間接的に反映されている、といえるだろう。

キリスト教とイスラム教のこうした排他的・非寛容的側面とはまったく対照的だが、双方が歩み寄ろうという動きもある。これは、キリスト教の信者もイスラム教の信者もともに「啓典の民」「聖書所有者」であると昔から見なされてきたので、ある意味では自然なことである。具体的にいえば、一九九九年三月一一日、ハタミ・イラン大統領は、ヴァティカンでヨハネ・パウロ二世と会い、「文明間の対話」をした、という記事が新聞に出ている（一九九九年三月一三日付朝日新聞朝刊）。筆者としては、こうした「対話」がどんどん実現されることを願うものである。

「宗教の真理」とは何か

ここで、「宗教の真理」という問題について考えてみたい。「真理」という言葉は、長い人類の歴史のなかで、哲学や宗教においてさまざまな意味で使用されてきたし、異なった捉え方をされてきた。また、言うまでもなく、多くの宗教は「自分たちこそが絶対的な真理を説いている」と自らの宗教の絶対性・唯一性を主張する。このことについて、諸宗教を見渡しながら、メンシングも次のように論評している。

〔こうした宗教の観点からは、〕神および神の世界との関係についても、ただ一つの真理のみがありうる。……神に関して啓示された自己の真理からはずれた主張や教えは、すべて確実に誤りである。この見方にとっては一つの真の宗教と、多くの誤まてる、したがって決して許容されえない宗教とがある。（前掲書）

しかしながら、自然科学や論理学の場合とは異なって、宗教には「体験」という要素がはいってくる。これが重要である。**宗教における真理**の概念を解明しようとするメンシングは、二つの真理概念の区別から出発する。

> ①真理は独立的なものではなく、客観的な事態に関する一つの判断、一つの陳述の特質である。この場合、真理は一つの陳述と陳述された客観的な事態との合致という性質である。
>
> ②私が「私は真理を認識した」という場合、ここでは真理は客観的現実性〔真の実在〕の意味で理解されている。この場合、いかなる種類のものであろうとも、認識関係の対象となった現実性が問題となる。（同書）

①は、いわゆる「真理の対応説」のことであり、陳述の合理的な正しさ（陳述内容と客観的な事態の一致）が問題となる。②は、宗教の「体験的な真理」のことであり、「人間が体験的に出合った神的実在そのもの」が問題となる。宗教における真理を把握するのが困難なのは、これら二つの真理が混在しているからである。

歴史をふりかえってみると、さまざまな種類の宗教が存在してきた。メンシングは、それらのなかでも民族宗教と普遍宗教を対比し、「民族宗教の文書のうちで出会う真理という言葉は、もっぱらヌミノーゼ的現実性の意味におけるものである。教理の正しさについてはどこにも触れられていない」という。なぜなら、「純粋な民族宗教にはまだ教理はないから」である。つまり、大体において、民族宗教でいわれる「真理」とは②の意味での真理なのだ。けれども、普遍宗教が成立してそれがしだいに大きくなるにしたがって、合理的に形成された教理が発達してくる。そうなると、真理概念は①の意味をもつことになる。

ここで留意すべきことは、二つの意味における真理のとらえ方が、寛容／非寛容、ひいては宗教間対話にかかわってくるということだ。すなわち、①の真理の場合には、宗教は排他的になり、寛容は生まれてこない。合理的認識や論理的思惟の地平では、種々の異なる絶対性・真理性の主張がたがいに排除しあうことは、当然のことだからである。しかし、メンシングにしたがうと、②の真理の場合には、寛容が生まれてくる。

正直なところ、筆者には、「体験」を持ち出せば問題がすべて解決すると考えることに対して、すこし抵抗感もある。けれども、①の意味での宗教の真理を問題にすると宗教間には対立・拮抗が生じて対話が成立しないのであれば、「体験」を手掛かりとして対話をすることが残された道となろう。

そこで、体験の地平での宗教の真理について考えてみることにしよう。メンシングが語っているところでは、

宗教史自体、絶対性の主張という現象はもともと（すなわち、自発的に反省を経ずに主張される場合は）強い宗教体験から生ずることを示している。もしその真理が経験され証されたヌミノーゼ的現実性との出会いという意味に解釈されれば、種々の絶対性の言表は……たがいに衝突しない。（同書）

こうした見解はメンシングに固有のものではない。たとえば、ながらくキリスト教と仏教の対話に貢献してきたカブも、ニュアンスは異なるけれども、次のように論じている。

私の目的は「相矛盾する言述」を「相違するが矛盾はしない言述」に変えることであって、その前提には次のような理解がある。すなわち、現実に生き・思惟し・深く感ずるところのあった人びとが真摯に意図したことは、おおよそみな〈体験的に〉真理であるが、それが〈言語によって〉定式化されると、本来排除されるべきでない他の諸真理が排除されてしまう結果になりやすいのである。(「多元主義を超えて」)

メンシングやカブの言うように、「宗教の真理」には信者の「体験」というものが深くかかわっている。それゆえ、①のような「対応的」真理のレベルでの宗教間対話よりも、②のような「体験的」真理のレベルでの宗教間対話を重視すべきであろう。

宗教間対話における「言語上の矛盾」の解決

ここで問題となってくるのが、宗教間対話でみられる「言語上の矛盾」の解決である。これまでの議論からもわかるように、矛盾する複数の命題が示された場合、そのいずれが正しいかをめぐって雌雄を決するのは得策ではない。たとえ矛盾する見解が示されたとしても、「解釈」によって、一見では矛盾する見解を活かすことを考えるべきである。カブの使用した例を参考にしながら、これについて説明しよう（前掲論文、参照）。

仏教徒が「神は存在しない」というとき、これが意味するのは「現実の世界に執着すべきものは何もない」ということである。そして、この言明は自らの体験に裏打ちされているであろう。また、キリスト教徒が「神は存在する」というとき、これが意味するのは「信頼と礼拝をささげるべき存在がある」ということである。この場合にも、この言明は自らの体験に裏打ちされているであろう。

これらの解釈が正しければ、「神は存在する」と「神は存在しない」という**矛盾する二つの命題がともに正しい**、という事態は不可能ではない。もちろん、双方がたがいに他方の主張に理解をしめさない場合も想定しうる。けれども、仏教徒でも、執着心が悟りへの道をはばむという洞察を保持しつつ、信頼と礼拝にふさわしい何らかの実在があることを承認することはできるだろう。また、キリスト教徒でも、神に対する本当の信頼とは仏教でいわれるような意味での執着心ではないことを察知できるだろう。こうなれば、両者は、自己の核心的な見解を放棄することなく、対話の相手によってひじょうに大切な事柄を学んだことになる。

メンシングやカブが示唆するように、宗教間対話においては、「解釈」という行為がからんだ「体験的」真理のレベルでの対話が重要になってくる、と思われる。

ただし、「もろもろの宗教体験は最終的に同一の体験である」というようないわば単純な体験主義的な見解にもとづいて、「宗教の体験的な真理はあらゆる宗教に共通のものである」というように即断してもらっては困る。本書でくりかえし述べているように、著者は基本的に「宗教によって宗教体験も相違する」という立場にたつが、この立場から言わせてもらえば、体験の同一性はとりあえず前提とせずに、命題主義的な言語上の対立を回避する方向を模索するのが、もっとも理にかなった方向であろう。

諸宗教の共存のために

ハンチントンは『文明の衝突』を「文明の共通した特性」という節でしめくくっている。そして、この節およびその前の節で、彼は、来るべき時代の異なる文明間での大規模な戦争を回避するために、三つのルールを提言している。つまり、①不干渉のルール、②共同調停のルール、③共通性のルールである。このなかの「共通性のルール」に焦点をあてながら、これと宗教間対話を結びつけて考えてみたい。

「共通性のルール」とは、世界で諸文明が平和裡に共存していくためのルールである。諸文明に共通な特徴を見出し、それを育てあげていくことによって、大戦争を避けることができ、人類に平和がもたらされるというわけだ。

ハンチントンの「共通性のルール」

まず、『文明の衝突』の月並みな部分を引用することから始めたい。

多くの人が指摘してきたことだが、世界の主要宗教――西欧キリスト教・正教会・ヒンドゥー教・仏教・イスラム教・儒教・道教・ユダヤ教――によって人類がどれほど分裂しているにせよ、これらの宗教もまた重要な価値観を共有している。人類が世界文明を発展させることがあるとすれば、それはこうした共通の特徴を追求して拡大していくことによって徐々にあらわれてくるだろう。……あらゆる文明の住民は、他の文明の住民と共通してもっている価値観や制度、生活習慣を模索し、それらを拡大しようとつとめるべきなのである。

「これらの宗教もまた重要な価値観を共有している」とあるけれども、具体的にそれは一体何なのか、もっと詳しく知りたいという気がする。それは、たとえばヒックの言うように、あらゆるかたちの「救い」「救済」への希求なのか。ハンチントンのいう「共通な価値観・制度・生活習慣」というのは、人間のレベルでは理解可能ではあるが、超越的なものがかかわってくると、これを同定することはかなり難しくなってくるだろう。人を騙してはいけない、人の嫌がることはするな、人を平時には殺傷してはいけない、などといった主張は、どんな宗教を信じる人々にも受け入れられると思われる。しかしやはり、超越的な事柄がかかわってくると、この「共通する価値」を確定することは困難になるに違いない。

ここで、アメリカの政治学者ウォルツァーを引用しながら論じているもう一箇所を、『文明の衝突』から引用したい（丸付き数字は引用者による）。

①人間が共通してもっているものは「共通の文化への傾倒よりも、むしろ共通の敵〔もしくは悪〕の自覚」である。②人間社会は「人間のものであるがゆえに普遍的であり、社会であるから特殊なのである」。③ときとして、われわれは肩を並べて行進する。〔しかし〕ほとんどの場合、われわれは自分たちだけで行進する。④それでも「わずかな」最小限の道徳観は人間に共通する状況から生まれるもので、人間の「普

遍的な性質」はあらゆる文化に見出される。ある文明の普遍的と目される特質を助長するかわりに、文化の共存に必須であるとして求められるのは、ほとんどの文明に共通な部分を追求することである。⑤多文明的な世界にあって建設的な進路は、普遍主義を放棄して多様性を受け入れ、共通性を追求することである。

これを、宗教を念頭におきながら、書き直してみよう。

諸宗教に「共通なもの」

①人間が共通してもっているものは「共通の宗教への傾倒よりも、むしろ共通の悪の自覚」である。②人間の宗教は「人間のものであるがゆえに普遍的であり、宗教であるから特殊なのである」。③ときとして、複数の宗教は肩を並べて行進する。〔しかし〕ほとんどの場合、個々の宗教は自分たちだけで行進する。④それでも「わずかな」最小限の道徳観は人間に共通する状況から生まれるもので、人間の「普遍的な性質」は

あらゆる宗教に見出される。ある宗教の普遍的と目される特質を助長するかわりに、諸宗教の共存に必須であるとして求められるのは、ほとんどの宗教に共通な部分を追求することである。⑤宗教多元的な世界にあって建設的な進路は、普遍主義を放棄して多様性を受け入れ、共通性を追求することである。

①の「共通の悪」には、病気・貧困・飢え・犯罪・戦争・自然災害・社会の無秩序状態など、いろいろと考えられる。ただし、「悪」を避けたいという気持ちは共通していても、「何が悪か」ということになれば、宗教によって異なってくるかもしれない。さらに、深刻な対立関係にある宗教同士はたがいに相手を「悪」として敵視するだろう。

②に関連していえば、宗教を信じていない人もいるので、宗教は社会ほど普遍性をもっていないかもしれない。しかしながら、おおくの人々は霊的なものや人間を超えるものに関心があるのではないか。その証拠に、わが国でも、人気がある小説・映画・劇画・アニメーションなどに、宗教がときには明らかなかたちでときには隠れたかたちで取り入れられ、それが作品に深さと広がりを与えている。また言うまでもなく、それぞれの宗教はそれぞれに独自性・特殊性をもっている。

③の後半部分は周知の事実である。信仰をもっている読者からは「自分たちの道を自分たちだけで歩むことのどこがいけないのか」という反論もあろう。しかし、これまで何度も述べてきたように、筆者は「諸宗教が対話することにより、諸宗教はより深化される、諸宗教の自己理解がより促進される」と考える。ゆえに、前半の「複数の宗教は肩を並べて行進する」(つまり宗教間対話に参加する)という部分も重要視したい。

⑤について言えば、諸宗教が自宗教の普遍性に固執してそれをかたくなに主張し、他宗教の見解を拒否するならば、複数の宗教のあいだで対立・衝突がおこることは容易に想像がつく。自分たちの宗教以外の宗教の存在も容認すべきであろう。ただし、諸宗教に見出されるべき「共通性」ないし諸宗教に共通なものをどう捉えるかが問題である。

そこで、⑤と本節最初の『文明の衝突』の引用とに関連するのだが、④を吟味しなければならない。「ほとんどの宗教に共通な部分」とはいったい何なのか。それは、たとえばハンチントンも述べているがごとく「最小限の道徳観」なのか(余談だが、これに対しては、道徳と宗教とを分離して考えることは可能なのか、という疑問が出されよう)。こうした問題について、イエス・キリストの十字架における出来事を題材にして考察してみたい。

イエス・キリストの十字架の人間論的解釈

イエス・キリストの十字架での出来事は、本来、キリスト教という脈絡のなかで理解されるべきである。しかし、キリスト教の専門家のなかでも、キリスト教という脈絡を外して、これを「人間」のレベルで解釈しようという学者もいる。新約聖書学者である佐藤研氏の「キリスト教の〈寛容性〉と十字架の出来事」（『宗教と寛容』大明堂、所収）を手引きとしながら、十字架の出来事について考えてみたい。

佐藤氏の議論の眼目を一言でいえば、イエス・キリストの「名」を相対化し、イエスの言葉および十字架の出来事をあくまでも「人間論的に」解釈することである。言いかえれば、イエス・キリストの言葉や十字架の出来事は、キリスト教という一つの宗教の内部での出来事でありながらも、実はすべての人間に開かれている、というのである。

いわゆる「善きサマリア人の譬話」というのがルカ福音書のなかにある。この話の通常の解釈を退けながら、佐藤氏は「この譬物語は元来、〈善きサマリア人に出会った瀕死のユダヤ人〉の話である」と主張して、以下のような見解を披瀝している。

この譬物語が、一般に認められているようにほぼ間違いなくイエスに遡るとすれば、イエス自身にとって、宗教的イデオロギーに支配された人間のあり方がいかに的外れでしかなかったかが推察されよう。……ここ〔譬物語〕では「信仰」とか「宗教的立場」とかは何の役割も果たしていない。寧ろ、そうしたものへの固執の上にしか行動できぬ在り方への批判があるといえるであろう。ここにおいては、「イエス・キリストの名」は、何の特権をも与えるものではない。

また、十字架の出来事を政治的・社会的側面から考察し、次のように論じている。

十字架の出来事は、社会の権利者・支配者・強者が、被抑圧者・被支配者・弱者達を辱め、その中の邪魔者を圧殺する行為の典型であったと言える。ということは、イエスの十字架は、同様な抑圧と被支配に苦悩し、そのために滅んでいく者達、恥辱と侮蔑の悲惨の中で抹殺されていく者達と、本質的に連帯しているということである。つまり、比論（アナロジー）の論理が働くことにより、十字架の出来事は、他の類似の諸例と無条件に呼応し合わずにいないのである。その際重要なことは、比論的に呼応する側の「宗教」が何であるかは、全く問題外であることである。

そして最後に、次のような言葉で、考察が締めくくられている。

いわゆるキリスト教がイエスの十字架の出来事をあたかも独占することは不可能となる。……イエスの十字架という衝撃的出来事のリアリティは、キリスト教以前であり、キリスト教を超え出るものであり、かつ同時に、キリスト教も含めた幾多の宗教の根源に潜みえるものなのであろう。

以上が、イエス・キリストの十字架の出来事を「人間論的に」解釈しようという、佐藤氏の主張の核心部分である。これらの引用には、キリスト教の枠組みからイエス・キリストを解放しようという、筆者にはかなりラディカルだと感じられる姿勢が読みとれる。

本節の冒頭で示したハンチントンの「共通性のルール」を捩(もじ)っていえば、諸宗教に共通なものを見出し、それを育てあげていくことによって、宗教間の対立・衝突を避けることができ、人類に平和がもたらされる、という具合になる。問題は、なんども言うように、「諸宗教に共通なもの」とはいったい何なのか、ということである。ハンチントンの場合には「最小限の道徳観」であり、佐藤氏の場合には（私見では）「苦悩する人間の救済」とでもいったものだろう。

残念ながら、筆者には「諸宗教に共通なもの」が何であるかを、述べることはできない。けれども、僭越ながら言わせていただければ、宗教間対話に参加する諸宗教の信者の方々は、対話をとおして「諸宗教に共通なものとはいったい何か」を追い求めることが必要ではないだろうか。それが明確な形で取り出せるか否かは筆者には不明だし、話し合っても結論にいたらないかもしれない。はたまた、やはり諸宗教に共通なものは「人間の救済」であるとか、「人間が他者とともに生きていくための道徳律」であるとかいう、今のところ最大公約数的な結論の再確認になるかもしれないが。

普遍的「宗教」概念への疑問

以下は、これまでの議論からはなれた筆者の独断と偏見である。

「宗教」という普遍概念を幸か不幸か手に入れてしまった——すなわち、「宗教」という大きな枠組みのなかに個々の〈宗教〉が包摂されるという思考を身につけてしまった——現代に生きる諸宗教の信者の方々にとって、「諸宗教に共通なもの」をめぐって話し合うのは、別の意味でも、意義深いことだと思う。なぜならば、もしも「そうしたものが存在しない」という結論が導かれれば、この二百数十年来の思考の枠組みを放棄することも考えられるからである。

個々の〈宗教〉は存在するけれども、それらを包括する「宗教」は存在しないとなれば、それはそれで宗教間対話の一つの成果である。その場合には、これまでの宗教間対話の暗黙の前提が崩壊するわけだから、個々の〈宗教〉が窮屈な上位概念である「宗教」のなかに放り込まれる必然性はなくなる。

このように、普遍性をもつ「宗教」がなくなるというと、不安を感じる信者の方もいらっしゃるかもしれない。だが、心配は無用である。すべての〈宗教〉に共通の要素はなくても、〈宗教〉の存在に影響はない。〈宗教〉には「家族的類似」というものがあり、これにより、もろもろの〈宗教〉はゆるやかな集まりを構成するのだ。詳しくはウィトゲンシュタインの『哲学探究』（六六節・六七節など）を参照していただきたいが、次のように解釈すればいいのである。

神をたてる〈宗教〉もあれば、たてない〈宗教〉もある。一神の〈宗教〉もあれば、多神の〈宗教〉もある。自力本願の〈宗教〉もあれば、他力本願の〈宗教〉もある。すべての人々に開かれている〈宗教〉もあれば、選ばれた人々だけのための〈宗教〉もある。死後の世界の存在を前提とする〈宗教〉もあれば、それを前提としない〈宗教〉もある。豚肉を食べることを認める〈宗教〉もあれば、それを認めない〈宗教〉もある。人間以外の生物の殺生を許している〈宗教〉もあれば、そうでない〈宗教〉もある……。すなわち、視点が違えば「宗教」のグルーピングも違ってくるのである。一言でいえば、「宗教」には厳密な内包もなければ外延もないのだ。

しかしながら、それでも問題はない。人類はこうした条件のもとでも、長期にわたって、それなりにやってこられたのである。むしろ諸〈宗教〉を包括する普遍的「宗教」概念を作り上げ、このなかにもろもろの〈宗教〉を詰め込むという、西洋生まれの思考方法のほうが不自然かもしれない。この可能性は充分にあるのではなかろうか。

もしそうだとしたら、これまでの西洋的な「宗教」の捉え方を放棄するところから、諸〈宗教〉にコミットする人々による新しい対話が始まるかもしれない。

宗教間対話と公共哲学

国際宗教学宗教史会議世界大会

二〇〇五年三月二四日から三〇日の一週間にわたって、東京高輪プリンスホテルを舞台に、「国際宗教学宗教史会議第一九回世界大会」が開催された。この大会は五年に一度世界のどこかで開かれるが、日本では一九五八年以来の開催なので、実に四七年ぶりの開催になる。今大会は発表数だけで一三〇〇を優に超えたというから、文科系の学問の学術大会としては、わが国では異例の規模のものであったに違いない。

大会テーマは「宗教――相克と対話」。宗教は、人々の心や社会秩序の安定に寄与することがある一方で、さまざまな相克を生み出すこともある。ここ数十年をふりかえると、宗教がさまざまな対立や相克を生み出している／促進していると思われる事例が増えているのではないか。だからこそ、このテーマの設定の背後には、「文明や宗教の対話によって、対立や相克を少しでも和解へと転換させたい」という期待があったのだろう。

初日には、公開シンポジウム「宗教と文明間の対話」が開かれた。島薗進氏（東京大学教授）を司会に、ハンス・ファン・ヒンケル氏（国連大学学長）、トゥ・ウェイミン氏（ハーバード大学イェンチン研究所所長）、マリア＝クララ・ビンジェメール氏（リオデジャネイロ・カトリック大学教授）、小田淑子氏（関西大学教授）をパネリストにした四つの基調講演につづき、フロアの参加者もふくめて議論が展開された。

筆者たちは、大会の一年前から一〇名ほどの研究会を開いて、「宗教間対話のパラダイム転換――〈公共哲学〉の導入」というパネルの準備をしてきた。当日、筆者は司会を務め、プレゼンターとして、山脇直司氏（東京大学教授）・斎藤謙次氏（新宗連事務局長）・山梨有希子氏（南山宗教文化研究所所員―当時）・濱田陽氏（帝京大学助教授）の四名、コメンテーターとして田丸徳善氏（東京大学名誉教授）というメンバーで、この大会に臨んだ。

そのパネルの主旨について、一言述べておこう。エリート信者たちによる哲学的な教理中心主義の従来の宗教間対話は、いまやターニングポイントにあるといわれている。しかし、今後どの方向に歩みを進めねばならないのかについては、明確な方向付けがなされていないように思われる。本パネルでは、「公共哲学」（後述）という新しい視点を取り入れながら、また、広い意味での宗教間協力やＮＧＯとしての実践活動を手がかりとしながら、さまざまな角度から今後の宗教間対話の行方に思いを馳せることを狙いとした。くわえて、一方で、「宗教の公共性」についての議論を呼び起こし、他方で、これまでの宗教的エリートが中心となった教理・神学・思想をめぐる宗教間対話のあり方に修正を迫ることをも願った。

公共哲学の「相関的三元論」

このパネルの核心にあるのは、山脇直司氏の「公共哲学と宗教間対話」である。彼のプレゼンテーションの内容は多岐にわたり、ここでそのすべてを紹介するわけにはいかない。そこで、筆者がもっとも興味をいだいた「相関的三元論」――「政府の公・人々（民）の公共・私的領域」という三つの領域が相互に関係するという考え方――と彼がよぶものに焦点をしぼって、考察したい。すなわち、山脇氏が三元論のパラダイムを呈示する目的は「国教や政教一致体制を拒否するとともに、公私二元論をも批判する視座を宗教の公共哲学にも適用する」ことであるが、こうした相関的三元論がいかに宗教間対話のパラダイム転換に貢献するかを考えてみたいのだ。

「公共哲学」とは？

まず、山脇氏のいう「公共哲学」についてまとめておこう。現代の公共哲学は、アーレント、ハーバーマス、ベラーという三人の業績に負うところが大きい。なぜなら、彼女／彼らこそが「国家の公」と異なる、人々によって創出される「公共世界」という概念を提出したからである。アーレントは『人間の条件』（一九五八年）において、「公共性」を二つの意味、つまり「万人によって見られ、開かれ、可能なかぎり最も広く公示されている現われ」および「私たちすべてに共通する世界」という二つの意味で、定義した。ここでの「万人」「私たち」は均質で画一的なものではなく、共通性のみならず「独自性をもつ多種多様な人々の構成体」である。ハーバーマスは『公共性の構造転換』（一九六一年）において、サロンやカフェなどを絶対王朝に対する「市民の公共圏」として描き出した。ベラーは『心の習慣』（一九八五年）などにおいて、「公共の場」としてのコミュニティーによって人々の尊厳が担保されるような「良き社会」実現のための公共哲学を提唱した。これらの業績によって、政府ではなく、「民（市民・国民・住民などの総称）や市民社会によって創出され担われる公共性」という考え方が、とりわけ一九九〇年代以降にひろく容認されるようになった。

相関的三元論

しかしながら、山脇氏によれば、ここからさらに進んで「政府の公・人々の公共・私的領域」の相関的三元論を、宗教の公共哲学の基本パラダイムとしなければならない。なぜなら、政治や法を公的なものとし、宗教を私的なものとみなす公私二元論的な見方では、「宗教の公共性」が論じられないからである。

ルターやロックは「政治権力は人の心の問題に関わってはならない」ことを強調しているが、信仰は、政府や他人が口をはさんではいけない「私的次元」をふくんでいる。しかし、信仰が完全に私事化してしまうことは、信仰共同体（協働態）の否定につながる。信仰共同体が成立するためには、政治的公共性とは違う意味での「公共的次元」（民や市民社会によって創出され担われる公共性）が伴わなければならない。

政治権力は個人の心の領域に踏みこんではならないし、特定の宗教を個人の外部から強制してはならない。これは、政教分離の原則を支持する社会では当然のことである。だが、そうかといって、宗教をたんなる「私的領域」に閉じ込めてしまうわけにもいかない。ルックマンの『見えない宗教』（一九六七年）の刊行いらい、ここ四〇年ほどは宗教の個人化・私事化が研究者によって論じられてきたが、宗教共同体は明らかに人々が集まっている組織体であり、その活動の「社会性」という点で国家や政府とは異なる「公共的次元」を有している。右の相関的三元論では、宗教には「人々の公共」という位置づけがなされ、「公共世界」における宗教独自の社会活動が期待されているのだ。

ここで、宗教社会学者は「昔から宗教共同体や新宗教教団をそうした公共的次元の担い手とみなしてきた」というかもしれない。しかし、最近になって公共哲学の「公共性」「公共的次元」の捉え方が明確な形で提出されて初めて、そうした集団の活動に新たな意味づけができるようになったのではないか。それは、たとえば、「実存」という言葉が存在しなかった時代に生きた人々を、「実存」という視点から見直すようなものである。

二つの平和

この公共的次元／公共性を、人々のコミュニケーションや価値理念によって成り立つ「公共世界」という観点から捉えるところに、公共哲学の特徴がある。そして、山脇氏は「人々が、各宗教の呈示する平和……などの〈普遍的価値理念〉を媒介としつつ……〈人生〉の意義を語りあう（コミュニケートしあう）ことを促進するものとして宗教をとらえるならば、それはまさに、政教分離時代以降の公共哲学が示すビジョンとなる」という。

じつは、筆者は相対主義に好意的であり、「平和などの〈普遍的価値理念〉」といわれると、反射的に身を構える。だが、宗教と平和に話を限定すれば、個々の宗教がいう平和はその宗教における「内在的価値」であり、公共哲学がいう平和は「機能的価値」だと解釈できるのではないか。筆者としても、このように考えれば、いちおう納得がいく。

また、たんに対立や戦争がない状態を「平和」と呼べるかもしれない。けれども、世界平和は、世界の人々がそうした状態を自発的に願い、それをもたらす内発的努力があって初めてもたらされるものであろう。この場合、対立や戦争がない状態を機能的平和とみなすことができ、それをもたらそうとする内発的努力が諸宗教の内在的平和とかかわると考えられる。平和の捉え方は宗教によって異なる、つまり「内在的平和」観は宗教によって異なる可能性が高いが、対立や戦争がない「機能的平和」の状態はどの宗教の信者にとっても好ましいに違いない。

今後の宗教間対話と公共哲学

さきにも述べたように、現在、宗教間対話はターニングポイントにある。少し前までの宗教間対話は、エリート信者による教理をめぐる哲学的・神学的議論が中心だった。しかし、一九九〇年ころから、「世界平和の実現」をはじめとして、差し迫った現実問題が宗教間対話のテーマとして取り上げられることが多くなった。こういう状況において、公共哲学は宗教間対話にいかなる意味をもつだろうか。最後に、これについて触れておきたい。

①宗教間対話に関与する諸宗教の信者たちは、「自分たちは宗教という公共的次元をになった集団の一員であり、〈公共的責任〉を持っていること」を自覚して対話に臨むことができる。つまり、「自分たちは公共的価値を実現するために対話するのだ」と明確に意識できる。時として「何のための宗教間対話なのか」という疑問が出されることがあるけれども、これは、この問いにたいする一つの明確な回答になる。

②少し前まで、宗教間対話のテーマには神学的・哲学的内容のものが多かった。ゆえに、宗教間対話は高度な知性を身に付けたエリート信者の独占物であった観がある。だが、すべての信者は「人々の公共」の担い手であるから、宗教間対話をひろく一般の信者にも開放することの理論的根拠がもたらされる（もちろん、哲学的議論が大好きな筆者は、従来の形態の宗教間対話のあり方を否定するつもりは決してない）。

③これまでの宗教間対話に参加する宗教の信者は、キリスト教を始めとする伝統的で大

規模な宗教の信者が多かったように見受けられる。しかし、宗教間対話に公共哲学の観点を導入することは、今後、新宗教や小規模な宗教集団の信者たち、土着宗教や素朴な宗教の信者たちが宗教間対話に参加する機会を増やすことにもつながるだろう。
公共哲学から右のような理論的後楯をえて、今後ますます「宗教間対話」は人口に膾炙するものとなるに違いない。

付記――本節の初めに紹介したパネルの成果は、山脇直司ほか『現代世界と宗教の課題』（蒼天社出版、二〇〇五年）ならびに拙著『対話する宗教――戦争から平和へ』（大正大学出版会、二〇〇六年）として公刊された。

あとがき

正直なところ、長年にわたって書き溜めたエッセイが一冊の本にまとまって世に出る、というのは嬉しい。予想だにしなかった初めての体験である。しかも、学術論文などでは述べにくい、かなり率直な見解を随所に書きこんだ。

これまでいろいろと本作りをしてきたが、本書は一五冊目という一つの節目にあたる。本書を作り上げていく過程で、ここ二〇年ほどの歩みをふり返ることができ、筆者にとってまことに有意義であった。

本書の出版にさいしては、多くの方々のお世話になった。とりわけ、以下の三人の方に心からお礼申し上げたい。

編集の実務は、筆者の同僚であり著名な編集者でもある渡邊直樹氏にお願いした。とつぜん筆者に二〇を超えるエッセイを持ってこられたうえに、「編集をお願いできませんか」

といわれて、氏は面食らわれたであろう。しかし、ご多忙にもかかわらず快く引き受けてくださり、こうした素敵な形に仕上げていただいた。

ここに収められたエッセイの多くは、春秋社の小林公二氏とのやりとりのなかから生まれたものである。氏は、同社の広報誌の『春秋』に掲載する小さな原稿にもけっこう難しい要求をしてくるのだが、同時に、親切な助言もくださる。おかげで、読み応えのあるエッセイ集になった、と自負している。

本書の出版をティー・マップの柏木正博氏にご相談したところ、意外にも、即座にご快諾いただいた。氏の「英断」によって本書は生まれることになったのである。氏の判断が「誤断」でないことを祈りながら、擱筆する。

二〇〇七年三月吉日

土浦の風味堂にて

星川啓慈

初出一覧

第1章　宗教をえらぶ

「間違いだらけの宗教えらび」「後悔しない選択のために」→「間違いだらけの宗教えらび（上下）」（『春秋』四二二号　四二四号　二〇〇〇年）

第2章　宗教を体験する

「宗教体験は何をめざしているのか」→「己を究める宗教体験」（『ゑれきてる』東芝広報室　七三号　一九九九年）／「神秘体験の特質」→「宗教体験論」（『宗教学がわかる』朝日新聞社アエラ発行所　一九九五年）／「鈴木大拙の禅論とシュッツの現象学」→「鈴木大拙の禅論とシュッツの現象学」（『春秋』三三三号　一九九一年）／「五〇歳の初マラソンで考えたこと」→「宗教哲学者、五〇歳にして初マラソンに挑戦！」（『春秋』四八三号　二〇〇六年）

第3章　言語と宗教

「饒舌の科学・沈黙の宗教」→「饒舌の科学　沈黙の宗教」（『Tradepia』日商岩井　三三一号　一九九八年）／「悪の存在と〈神の正義〉」→「悪の存在は〈神の正義〉を揺るがすか」（『春秋』三七七号　一九九六年）／「〈語りえないもの〉と〈否定神学〉」→「〈語りえないもの〉と否定神学との批判的検討（上下）」（『春秋』三八三号　三八四号　一九九六年）

第4章　宗教は「言語ゲーム」なのか？

「〈言語ゲーム〉としての禅問答」→「言語ゲームとしての禅問答」（『春秋』三三四号　一九九一年）／「宗教は〈言語ゲーム〉なのか？」→「〈仮想討論〉本当に〈宗教は言語ゲームでない〉といえるのか？」（『春秋』四五七号　二〇〇四年）／「宗教的リアリティとウィトゲンシュタインの〈世界像〉」→「〈仮想討論〉ウィトゲンシュタインの〈世界像〉と宗教的リアリティ」（『春秋』四六四号　二〇〇四年）／「宗教における〈概念相対主義〉の問題」→「〈仮想討論〉宗教における概念相対主義の問題」（『春秋』四七三号　二〇〇五年）

第5章　宗教間対話

「宗教間対話の背景」→「〈宗教間対話〉以前①」（『春秋』四〇二号　一九九八年）／「宗教間対話は本当に必要なのか」→「〈宗教間対話〉以前②」（『春秋』四〇三号　一九九八年）／「〈グローバル化〉と〈宗教のアイデンティティ〉」→「グローバル化する世界における諸宗教の共存とアイデンティティの問題」（『春秋』四四七号　二〇〇三年）

第6章　諸宗教の「真理」と平和的共存

「戦争と宗教間対話」→「講義〈『宗教間対話』以前〉」（『春秋』四〇八号　一九九九年）／「宗教はなぜ暴力を正当化できるのか」→「宗教の衝突はなぜ人の命をうばうのか」（『春秋』四一〇号　一九九九年）／「宗教における〈寛容〉とは何か」→「宗教における寛容」（『春秋』四一二号　一九九九年）／「〈宗教の真理〉について」→「宗教と二種類の真理」（『春秋』四一四号　一九九九年）／「諸宗教の共存のために」→「諸宗教の共存のために」（『春秋』四一六号　二〇〇〇年）／「宗教間対話と公共哲学」→「宗教間対話と公共哲学の〈三元論〉パラダイム」（『春秋』四六九号　二〇〇五年）

凡例

一、邦訳書がある外国の著作のタイトルについては、原則として、邦訳のタイトルを優先して掲載した。

一、「イスラーム」と「イスラム教」という表記が混在しているが、文脈の関係上、統一はしなかった。

一、強調の傍点を付している引用部分で、「傍点引用者」とない場合は、原著者のものである。

一、引用部分で、用字などごく一部だが、変更した部分がある。

星川　啓慈（ほしかわ・けいじ）

1956年愛媛県生まれ。
筑波大学大学院博士課程哲学・思想研究科単位取得退学。米国カンザス大学・英国スターリング大学に学ぶ。現在、大正大学文学部教授。博士（文学）。本務校以外にも、東京大学・筑波大学・慶應義塾大学など多くの大学・大学院で講師を務める。
専攻：言語哲学・宗教哲学。著書：『宗教者ウィトゲンシュタイン』『悟りの現象学』（法藏館）、『言語ゲームとしての宗教』（勁草書房）、『対話する宗教—戦争から平和へ』（大正大学出版会）など多数。

大正大学まんだらライブラリー　8
宗教のえらび方——後悔しないために——

2007年4月1日　第1刷発行

著　者　星川　啓慈

発行者　柏木　正博

発　売　大正大学出版会
〒170-8740 東京都豊島区西巣鴨3-20-1

電　話　03-5394-3045　FAX　03-5394-3093

編集協力　渡邊直樹
表紙カバー作画協力　小峰智行
制作・発行　株式会社ティー・マップ
（大正大学事業法人）
印刷・製本　共同印刷株式会社

 ISBN978-4-924297-50-0 C0215 Printed in Japan

大正大学まんだらライブラリー発刊に際して

二十一世紀に入り、世界と日本は危機的状況にあります。新世紀が希望でもって迎えられると思いきや、逆にアメリカにおけるテロと報復戦争でもって今世紀が始まりました。そしてその戦争が泥沼化しつつあります。一方、二十世紀に先進国が遂行した高度経済成長による弊害は、ますます顕著になって今世紀に持ち越されました。高度経済成長は必ずや地球資源の浪費を招来します。その結果、資源の涸渇を招き、エネルギー危機になり、環境破壊が進行します。しかも今世紀に入って、世界最大の人口を持つ中国およびインドが高度経済成長国に加わってきました。ということは、二十世紀が解決できなかった諸問題がより増幅されて今世紀に突き付けられているわけです。世界はいま、破局を迎えており、日本もそれに連動して破局に直面しています。

それがゆえに、いま、日本人は「生き方」に迷っています。この混迷の時代をどう生きればいいのか、戸惑っています。

いま、大いなる智恵が求められています。従来の智恵は役に立ちません。従来の智恵は、高度経済成長を支えるための智恵であり、競争原理にもとづく社会の中でうまく立ち回る智恵でした。しかし、競争原理にもとづく高度経済成長社会そのものが行き詰まっているのですから、その中で立ち回るための智恵は役に立たないのです。いま求められているのは、大いなる智恵であり、本物の智恵です。

幸いに大正大学は、仏教を創立の理念とした大学です。しかも宗派に所属する大学ではなしに、宗派を超えた仏教の大学です。そして仏教は、われわれに大いなる智恵、本物の智恵を教えてくれます。

それゆえ、この仏教の智恵を裏づけにし、同時に大学にふさわしい総合的な知識・情報を、混迷せる現代日本社会に発信していくのが大正大学の責務だとわたしたちは考えました。そのような意図でもって、われわれはこの「大正大学まんだらライブラリー」を世に送り出します。現代人の指針となれば幸いです。【二〇〇四年七月】